RELIGION SAINT-SIMONIENNE.

MORALE.

Réunion générale de la Famille.

ENSEIGNEMENS DU PÈRE SUPRÊME.

LES TROIS FAMILLES.

PARIS.

A LA LIBRAIRIE SAINT-SIMONIENNE,

rue Monsigny, N° 6.

AVRIL 1832.

ÉVERAT, Imprimeur, rue du Cadran, N° 16.

RÉUNION GÉNÉRALE

DE LA FAMILLE.

PREMIÈRE PARTIE.

TABLE DES MATIÈRES.

TABLE

DES MATIÈRES CONTENUES DANS CE VOLUME.

RELIGION SAINT-SIMONIENNE.

RÉUNION GÉNÉRALE

DE LA FAMILLE

SÉANCE DU SAMEDI 19 NOVEMBRE

NOTRE PÈRE ENFANTIN A DIT :

CHERS ENFANS,

Je vous ai tous vus séparément dans les réunions des différens degrés : mais je veux vous parler aujourd'hui à tous, assemblés en famille.

Je vous ai déjà annoncé que, pour passer de l'état où nous nous trouvons depuis deux ans que la hiérarchie est fondée, à une constitution, à une organisation définitive, nous avions une phase d'autorité incomplète et d'obéissance incomplète à parcourir. Je vous ai dit même qu'au premier abord, dans les premiers jours, cette imperfection se manifesterait sous la forme d'*anarchie*. Je vous ai prévenus que tout homme ou toute femme qui se sentait rallié à la doctrine par l'œuvre accomplie jusqu'à ce jour, devait, en présence de l'annonce d'anarchie que je faisais, se sentir plus fort que jamais pour y résister.

L'autorité sous laquelle vous avez vécu jusqu'à présent a été despotique ; nous vous avons maintenus sous nos lois, *agglomérés* plutôt qu'*associés*, et vous seriez bientôt *divisés*, *séparés*, si vous ne sentiez pas, dès aujourd'hui, ce que je vais vous dire.

Nous avons déjà beaucoup fait, et nos œuvres sont de nature à nous donner quelque foi dans notre puissance : nous avons beaucoup fait ; mais tout en invoquant le témoignage de ce qui a été fait, sachez bien aujourd'hui où est la force : la force est dans CE QUI EST ; la force n'est pas dans CE QUI FUT ; elle est présente, vivante, elle est devant vous.

J'ai besoin de vous remettre sous les yeux les actes accomplis depuis trois ans surtout, pour vous donner l'entière intelligence de la position actuelle.

Lorsque nous avons fondé la hiérarchie, j'avais *appelé* Bazard à partager avec moi l'autorité suprême :

Bazard demanda du TEMPS pour réfléchir ; du TEMPS ! et c'est là l'explication de toute notre vie, à l'un et à l'autre.

Depuis cette époque jusqu'à ce jour, j'ai PROVOQUÉ tout ce qui a été *pensé*, tout ce qui a été *fait* dans la doctrine ; je l'ai PROVOQUÉ devant la *négation* continuelle de Bazard, de Bazard qui toujours demandait du *temps* pour réfléchir.

Ceci n'est point un blâme que je jette sur le passé : c'est une justice, c'est l'expression de la vérité.

Le dogme a été posé ; Bazard l'a combattu, et cependant Bazard l'a formulé, et il a su le formuler de manière à répondre à toutes les objections qu'il avait faites lui-même.

Bazard, à l'époque de juillet, était préoccupé du mouvement libéral, révolutionnaire, républicain qui se produisait alors, et pendant que moi, par mes sollicitations constantes, je poussais de toute ma force la doctrine dans les voies PACIFIQUES, Bazard devait prétendre encore à conserver dans notre sein les passions de guerre, hostiles, haineuses même; car il y avait encore à nous adresser au parti qui venait de remporter la victoire, sous une forme *transitoire* qui l'amenât par la *critique* de CE QUI EST vers l'AVENIR que nous annonçons.

J'ai donc pro oqué le langage PACIFIQUE que *le Globe* a tenu, et la justification des partis qui sont en dehors de nous, y compris même celui du *juste-milieu*. Je sentais que nous approchions de l'époque où notre langage vis-à-vis de TOUS devait être bienveillant pour TOUS; où les sentimens qui nous avaient donné jusque-là notre force, parce que nous avions à résister au passé, à combattre, à *vaincre le passé*, devaient disparaître, puisque nous avions à FONDER L'AVENIR. En d'autres termes, j'ai senti que les hommes les plus forts en dehors de nous étaient ceux qui se trouvaient aujourd'hui à l'état où nous étions nous-mêmes, lorsque nous nous sommes approchés de Saint-Simon, c'est-à-dire dégoûtés et désenchantés de toutes les doctrines et de toutes les passions politiques du jour. Notre action sur eux, depuis que nous sommes entrés, en avant d'eux, dans la voie de l'avenir, a été de les attirer et de les amener eux-mêmes à l'entrée de cette voie; et si, depuis six ans que nous marchons, ils n'étaient pas encore arrivés, eux, à ce terme qui fut, il y a six ans, notre point de départ, il faudrait, ou bien croire que nous sommes dans une disproportion prodigieuse par rapport à tous les hommes qui nous entourent, ou bien nous accuser d'inertie et d'impuissance, de vanité, de nullité.

Cette disposition politique devait donc bientôt changer complétement notre langage. Nous avions *fait la loi* à tout ce qui était hors de nous: nous avions été des *juges* et des *docteurs* bien plus que des APÔTRES; nous avions bien plus fait la *leçon* au monde que nous ne l'avions AIMÉ, APPELÉ; nous avions

BLAMÉ, CRITIQUÉ, CHATIÉ : nous n'avions pas DÉVELOPPÉ, GLORIFIÉ, PERFECTIONNÉ.

Tout ce que je vous dis là est l'expression d'un autre fait.

J'avais, par mes travaux dans la doctrine, depuis le moment où s'était fait sentir à nos âmes la foi religieuse, indiqué que j'étais seul de nous deux en position d'appeler LA FEMME. Tous mes travaux portaient l'empreinte de ce désir. Bazard, au contaire, n'en parlait pas; Bazard pensait que la vie politique dans laquelle nous étions, et où nous continuions a marcher, etait telle que nous avions surtout à développer parmi nous, et en face des hommes, des vertus MALES pour résister à l'état de désordre et de *guerre* dans lequel le monde se trouve encore. Or, nous n'avons pas à *résister* au monde, nous avons à le PACIFIER, nous avons à l'APPELER, à l'ATTRAIRE par nos sentimens de fraternité, d'union, de famille, par le spectacle de notre MORALITE. Notre œuvre, notre position, notre enseignement, notre vie, ne doivent point être de dureté, de sévérité, de *guerre*, mais bien toute d'amour, de douceur et de *paix*.

J'avais de plus le besoin de manifester la doctrine au monde par le CULTE. Je sentais que nous ne pouvions revêtir aux yeux de tous le caractère RELIGIEUX, qu'en nous offrant tous personnellement, par nos *actions*, en face du monde, bien plus encore que par nos *pensées* et nos écrits. Je pressai donc l'organisation du *parti politique des travailleurs*, dans un but de CULTE, et non pas dans un but de *résistance* ou d'*attaque* contre le pouvoir. Au contraire c'était bien plutôt dans la pensée que l'*organisation pacifique des travailleurs* serait un exemple et une puissance pour arrêter le désordre qui existe toujours flagrant en dehors de nous.

LA FEMME et LE PROLÉTAIRE avaient tous deux besoin d'affranchissement. Tous deux, courbés sous le poids de l'esclavage, devaient nous donner la main et nous révéler l'un et l'autre une langue nouvelle. Nous avons eu jusqu'ici une parole très-*savante*, très-apprêtée, très-étudiée, très-profonde;

nous n'avons pas encore *improvisé* devant vous, et là est le secret de notre impuissance religieuse. Nous avons tous senti, au sortir des prédications où nous avions été émus par l'éloquence, la force et l'élévation des pensées, qu'il nous manquait quelque chose : c'était la vie de vérité, la vie de franchise, la vie d'abandon ; l'expression vive et instantanée de ce que l'on sent, et non pas de ce que l'on a médité, préparé, appris. Le *réfléchi*, l'*étudié* ne suffit pas aux hommes, et la parole doit être telle qu'elle aille au CŒUR de tous. Or, cette parole, nous ne pouvions l'avoir, ne connaissant encore ni LA FEMME ni L'OUVRIER.

Vous comprenez maintenant dans quelle position nous nous sommes trouvés, Bazard et moi, en présence l'un de l'autre depuis trois ans, et vous pouvez vous assurer par vous-mêmes si cette position ne s'est pas en effet réfléchie dans toute la doctrine.

Au milieu de tous nos débats, une question nous a surtout agités, qui nous agite et doit nous agiter encore, c'est la question de L'AFFRANCHISSEMENT DES FEMMES.

Je vous ai dit que j'avais le premier senti et exprimé le besoin de cet affranchissement, et que, par le fait, j'étais seul de nous deux en position d'appeler la femme à la vie nouvelle. Ce sentiment me faisait déclarer qu'au moment où nous allions nous occuper de la fondation de l'ORDRE MORAL nouveau, tout homme qui prétendrait imposer une LOI à la femme n'était pas Saint-Simonien ; et que la seule position du Saint-Simonien, à l'égard de la femme, était de déclarer son incompétence à la JUGER, tant qu'elle ne se serait pas sentie elle-même assez affranchie pour librement révéler tout ce qu'elle sent, tout ce qu'elle désire, tout ce qu'elle veut pour l'avenir.

Il y avait donc à provoquer l'AFFRANCHISSEMENT DE LA FEMME.

Les termes dans lesquels cette provocation a été faite ont été répandus parmi vous d'une manière tellement desordonnée, qu'il est indispensable qu'aujourd'hui devant vous je les pose moi-même.

L'HOMME ET LA FEMME, voilà l'INDIVIDU SOCIAL, c'est notre foi la plus élevée sur les rapports des deux sexes : c'est la base de la MORALE de l'avenir. *L'exploitation* de la femme par l'homme existe encore, et c'est là ce qui constitue la nécessité de notre apostolat.

Cette exploitation, cette subalternité, contre nature par rapport à l'avenir, a pour effets, d'un côté le *mensonge*, la fraude, et d'autre part la *violence*, les passions brutales ; tels sont les vices qu'il faut faire cesser.

L'homme qui se présente pénétré de la foi qu'il lui est donné d'AFFRANCHIR LA FEMME, a donc dû se placer dans une position telle que, devant lui, aucune femme ne pût rougir de lui confesser sa vie, de lui dire qui elle est, ce qu'elle veut, ce qu'elle désire. Cet homme a dû faire en sorte que rien, dans sa personne, ne présentât le symbole de la réprobation chrétienne, et j'entends par la réprobation chrétienne l'exclusion de la femme du temple, de la politique, sa subalternité par rapport à l'homme. Voilà dans quelles conditions j'ai dû me placer, et de plus j'ai dû me présenter à la femme en repoussant également loin de moi l'anathème correspondant à l'exclusion de la femme dans le christianisme, l'anathème contre la *chair*. C'est ce que j'ai fait ; j'ai dû, en déclarant ce que je pensais, moi personnellement, sur l'avenir de la femme, exprimer une opinion telle que l'homme qui l'écouterait ne l'adoptât pas ; car si l'homme l'avait adoptée, si la LOI que je présentais, moi, homme, avait été acceptée par les hommes, cette LOI, faite sans la femme, aurait été imposée aux femmes qui seraient donc toujours restées dans la subalternité et l'esclavage : mais, ainsi que je devais le prévoir, ma LOI se trouve rejetée par les hommes, et la femme est attendue qui doit avec l'homme trouver la LOI DÉFINITIVE sous laquelle l'homme et la femme s'uniront, vivront dans une *sainte égalité*.

Quand je vous parlerai tout à l'heure des idées que j'ai

présentées sur les femmes, vous regarderez donc le *but* dans lequel elles ont été présentées, et vous les considérerez comme une LIMITE EXTRÊME, posée à une distance assez grande de la loi chrétienne, pour que les femmes dans l'espace intermédiaire qui sépare ces idées des idées actuelles, osent et puissent venir parler librement.

Vous savez que tous nos enseignemens sur le passé, et les principaux moyens à l'aide desquels nous classons les faits historiques se réduisent à ceci : L'humanité s'est d'abord développée *matériellement*, ensuite *spirituellement*; elle doit HARMONISER un jour le développement de *l'esprit* et de *la matière*.

Lorsque l'humanité était sous l'empire de la loi de CHAIR, de la loi de sang, les chefs étaient *violens*, les inférieurs *esclaves*. Lorsque l'ESPRIT voulut résister à la CHAIR et la vaincre par le christianisme, il employa le *mensonge*, le miracle et le jésuitisme. Aujourd'hui la *violence* et le *mensonge* doivent cesser; car l'*extase* chrétienne et l'*exaltation* païenne ont mis la *chair* et *l'esprit* en état d'hostilité, et par conséquent ont déterminé la CHAIR à la *violence* et l'ESPRIT au *mensonge* : or cette guerre, cette lutte, cette disposition hostile, doivent disparaître devant LA LOI D'AMOUR qui donnera satisfaction à la chair et à l'esprit, à l'industrie et à la science, au culte et au dogme, à la pratique et à la théorie. Tout le problème social de l'avenir consiste donc à concevoir comment les *appétits des sens* et les *appétits intellectuels* peuvent être dirigés, ordonnés, combinés et séparés, à chaque époque de la civilisation humaine, selon les besoins progressifs de l'humanité. Le PRÊTRE doit donc se proposer d'inspirer et de diriger ces *deux natures* distinctes, jusqu'ici ennemies, de les diriger dans un amour commun pour une destinée commune, en rapprochant sans cesse la distance qui sépare ces deux natures, et en s'opposant de toute sa force, de toute sa sagesse, de tout son amour, à ce que leur rapprochement ne donne lieu à un combat, à un DUEL.

Voilà la politique, voilà le gouvernement de l'avenir. Il

consiste à mettre le théoricien et le praticien, les hommes de l'esprit et les hommes de la chair en relation telle que le duel qui a existé entre eux dans le passé n'existe plus et qu'à ce *duel* succède une HARMONIE.

Vous sentez, dans les termes dont je viens de me servir, que c'est le même problème que celui de l'HOMME et de la FEMME. Il faut que l'harmonie s'établisse entre l'homme et la femme, leurs rapports jusqu'ici ayant toujours été ou *violens* ou *faux*; la fausseté et la violence doivent disparaître. Mais, en nous tenant dans les termes de chair et d'esprit, de science et d'industrie, de dogme et de culte, termes métaphysiques, historiques, politiques, je ne me fais pas SENTIR : prenons donc une forme nouvelle.

Il y a des êtres à AFFECTIONS PROFONDES, durables, et que le temps ne fait que resserrer. Il y en a d'autres à AFFECTIONS VIVES, rapides, passagères, cependant puissantes, sur lesquelles le temps est une épreuve pénible, souvent insupportable.

Ces deux natures d'affections, toutes les fois jusqu'ici qu'elles se sont trouvées en présence, se sont méprisées, repoussées, éloignées, salies. Comment, dans l'avenir, des êtres à affections profondes pourront-ils, non pas se lier d'amour avec ceux qui ont des affections vives (ce qui serait pour les uns et pour les autres une union de douleur et de sacrifices), mais se rendre justice réciproquement, mais s'estimer les uns les autres, mais se considérer comme également utiles au développement de l'humanité? c'est là toute la question qui nous occupe.

Or je dis qu'il y a dans le monde trois formes de relations, l'*intimité*, la *convenance* et la RELIGION. Les rapports qui existeront entre les êtres à affections profondes seront des rapports *intimes* comme ceux qui existeront entre les êtres à affections vives. Les relations de ces deux natures l'une avec l'autre, c'est ce que j'appelle les relations de *convenance*. Enfin la réunion de ces deux natures autour du PRÊTRE qui les comprend l'une et l'autre, qui les sent également l'une et l'autre, qui les élève l'une et l'autre, constitue la RELIGION. Le *Temple*, sous le rapport MORAL, se trouve donc divisé en trois parties, ainsi que la *Cité* et l'*Humanité*, en trois parties qui correspondent à ces trois faces de la vie, *affection vive*, *affection profonde*, et CALME OU AFFECTION SACERDOTALE qui sait les comprendre l'une et l'autre.

J'ai besoin cependant de revenir sur ce que j'ai dit tout à l'heure du passé. Nous avons exprimé sous bien des formes déjà que l'avenir se distinguait de la dernière époque organique, du christianisme, spécialement par le développement *industriel*. C'est pour cela que nous avons dit, dans ces autres termes, que notre œuvre apostolique consistait dans la *réhabilitation de la chair*. Vous avez donc à vous souvenir que jusqu'à présent, sur toutes les questions que nous avons examinées, philosophiques et politiques, sur chacune successivement, vous avez toujours été trouvés chrétiens, chrétiens à votre insu, chrétiens quand même vous en étiez à la critique du christianisme, et c'est pourquoi vous devez vous attendre, aujourd'hui qu'il s'agit entre nous de MORALE, de la *réhabilitation de la chair* sous le point de vue MORAL, vous devez vous attendre à être trouvés et à vous trouver encore chrétiens. Souvenez-vous donc, devant toutes les paroles qui peuvent appeler l'avenir, souvenez-vous de vous bien défendre de toute réprobation anticipée; faites effort pour vous délivrer, vous, enfans de Saint-Simon, de l'influence encore vivace de l'anathème chrétien, anathème qui pèse toujours sur notre monde, quoi qu'on puisse dire de l'état de démoralisation où trois siècles de critique nous ont plongés, et du désordre des appétits PHYSIQUES de notre époque. Ce monde d'immoralité n'en garde pas moins pour règle de ses jugemens la LOI MORALE CHRETIENNE: c'est selon cette morale qu'il loue et qu'il blâme, tout en ne la suivant pas; dernier et mystique hommage à la vertu ancienne : fiction bonne pour ce monde, mais qui ne doit pas nous préoccuper, nous, d'une manière fâcheuse, dans la recherche hardie et sainte que nous faisons de la LOI MORALE NOUVELLE, de la loi définitive de l'humanité.

Je reprends la suite de l'enseignement que je vous faisais tout à l'heure.

La nature des relations qui existeront entre les séries que je vous ai signalées sera telle, tant que l'humanité existera, que, sans l'influence médiatrice des PRÊTRES, il serait impossible de s'expliquer comment les êtres à affections VIVES ne *repousseraient* pas les êtres à affections PROFONDES, et comment les êtres à affections PROFONDES ne *repousseraient* pas les êtres à affections VIVES.

Ces deux formes de répulsions pourraient s'exprimer ainsi: les uns *dégoûteraient* les autres, et ceux-ci *ennuieraient* les premiers.

L'*ennui* et le *dégoût*, voilà ce qu'il faut que le PRÊTRE s'occupe sans cesse de faire disparaître, car c'est par l'ennui et le dégoût que tous les crimes sont déterminés. Et voilà pourquoi je vous ai dit tout à l'heure qu'entre ces deux séries devaient s'établir des relations de *convenance*, c'est-à-dire que leur rapprochement devait se faire de manière à ce que la vie habituelle de chacune des deux fût modifiée par la présence et pour la présence de l'autre.

Ainsi prenez pour un instant une image que j'aime à donner, parce qu'elle indique, dans l'époque actuelle, une division pareille, qui se fait instinctivement. Comparez le quartier de la Chaussée-d'Antin au Marais, vous voyez là, certes, *deux natures* d'individus bien distinctes, qui néanmoins à certains jours, à certaines heures où elles se visitent, où elles se rapprochent, où elles s'unissent, savent réciproquement, l'une pour l'autre, modifier leurs habitudes, leurs sentimens, leurs pensées, leurs manières, leur vie. Aujourd'hui sans doute la vie du Marais et la vie de la Chaussée-d'Antin sont également mauvaises, vicieuses, fâcheuses: mais ce sera l'œuvre de la religion nouvelle, en réglant et en justifiant ces existences diverses, de les amener chacune et toutes à l'état de communion complète, à la communion *religieuse.*

Je reviens maintenant à la forme sous laquelle les deux natures dont je viens de parler se manifestent le plus vivement l'une par rapport à l'autre. *L'indifférence* et la *jalousie* sont deux VICES également funestes : je dis l'indifférence, c'est la facilité de passer d'une affection à une autre ; la jalousie, c'est l'amour exclusif pour *un seul* être, qui s'absorbe en *lui* et qui veut l'absorber en soi, qui craint toute approche, qu'un regard trouble et qu'un soupçon désespère. Othello et don Juan, voilà les types des deux VICES; mais sous ces deux VICES il y a aussi deux VERTUS : l'amour profond et exclusif pour un seul être, qui se donne tout entier à lui, mais qui ne veut pas s'isoler en lui, non plus que l'isoler en soi, et qui de deux existences n'en fait qu'une, pour les rattacher toutes deux en une, plus fortes l'une par l'autre, à l'œuvre sociale et à toutes les affections de l'humanité, cet amour est beau et RELIGIEUX. De même, la facilité de passer d'une affection inférieure à une affection supérieure, sans s'abstraire dans la première, sans s'y confondre, sans s'y abîmer, au contraire en voyant en elle un premier élément de progrès, est d'une belle et SAINTE nature. Seulement il ne faut pas que ce soit un oubli, un abandon de ce qu'on a aimé, mais bien une puissance de marcher, après avoir aimé, vers un nouvel amour.

Ces deux natures ont donc leur VICE à côté de leur VERTU; dans ces deux natures, comme dans toutes choses, l'humanité manifeste le *bien* et le *mal*, car elle est *imparfaite* mais PROGRESSIVE. Comment donc leur donner à toutes deux *satisfaction* et *règle* en même temps ? Comment garantir l'amour exclusif de cette exaltation anormale qui le fait vicieux, et en même temps le garantir aussi des causes qui déterminent cette exaltation ? c'est-à-dire comment le garantir de l'influence désordonnée qu'exercent, par rapport aux êtres de son choix, le caractère de l'autre série, ou de don Juan ? Comment préserver aussi (ce qui n'est pas moins important, quoi que le préjugé chrétien ait pu faire et fasse encore en faveur de l'amour exclusif), comment préserver l'individu qui a cet amour progressif, qui ne s'arrête pas dans *un* parce qu'il a aimé *un*, et qui peut, après avoir aimé *un*, marcher vers *un autre*, sans s'abstraire dans le premier, si le second est plus grand que le premier, comment le préserver, dis-je, de l'anathème, de la réprobation, du mépris que lui jette le christianisme, et que les êtres à affection exclusive, sanctifiés par la loi chrétienne, pourraient vouloir lui continuer ?

Remarquez que cette disposition morale, dans laquelle je prétends vous mettre tous, et dans laquelle je suis, de donner *satisfaction* et *règle* à chacune de ces deux faces de la vie, cette disposition MORALE est la disposition saint-simonienne. Comme MORALITÉ SACERDOTALE, c'est la seule qu'on puisse admettre ; elle consiste à mettre d'accord, à HARMONISER sans cesse *les deux natures* ; nous l'avons tous professée sous les rapports politique, métaphysique, philosophique ; nous ne faisons ici que continuer. Ainsi, établissez le lien qui existe entre tout ce que je vous ai enseigné jusqu'à présent et ce que je vous enseigne aujourd'hui. Je tiens à ce que ce lien soit établi de manière à ce que vous conceviez qu'il y aurait à faire une rénovation entière de tout ce que je vous ai dit par le passé, si vous contestiez ce que je viens de vous dire.

J'ai parlé d'unions successives, et c'est là un fait sur lequel il faut que la doctrine se prononce ; car au moment où tout le monde s'occupe du *divorce*, nous ne pouvons pas être dépassés pour un fait de ce genre par la Chambre des députés.

La femme, avons-nous dit, est l'égale de l'homme, *sera* l'égale de l'homme : elle est aujourd'hui esclave ; c'est son maître qui doit l'affranchir. Le divorce, tel qu'il peut être conçu en dehors de nous, n'ayant pas pour but l'*égalité* de l'homme et de la femme, n'a qu'une valeur négative de la loi chrétienne, et par conséquent une valeur dissolvante, une valeur critique, comme tout ce qui a été fait jusqu'à présent en dehors de nous. Nous, au contraire, en prononçant sur le divorce, nous aurons le caractère organisateur que nous avons eu dans toutes les théories politiques ou philosophiques que nous avons posées. Par exemple, quand nous professons l'abolition de l'hérédité selon la naissance, quoi que puissent dire les adversaires de la doctrine qui ne la comprennent pas, nous ne sommes pas des *destructeurs*, des *démolisseurs*, nous sommes les hommes du PROGRÈS qui *édifions* et *construisons* en même temps que nous *démolissons*. De même, en établissant le divorce, en vue de l'égalité de l'homme et de la femme, nous voulons bien en effet dissoudre des liens mal formés, mais en même temps nous en préparons de nouveaux. D'où il résulte qu'on pourra bien nous faire, dans l'ordre moral, les mêmes attaques que dans l'ordre politique, mais ces attaques seront également fausses. Sans doute notre caractère général est bien, par rapport à ce qui est avant nous et à côté de nous, la *dissolution*, la *destruction;* mais aussi par rapport à l'avenir, c'est la *réorganisation*, la *reconstruction*. En d'autres termes, notre caractère général, c'est le PROGRÈS; nous accomplissons dans le temps ce qu'il y a de plus important à accomplir dans le temps : or dans le temps, il y aura toujours à faire *démolition* et *reconstruction*.

Avant de continuer sur les relations de l'homme et de la femme, j'ai besoin de vous dire qu'encore que nous ne puissions formuler *aujourd'hui* la LOI MORALE de l'*avenir*, qui ne peut pas être révélée sans la femme, il existe néanmoins pour nous, *aujourd'hui*, une règle morale à laquelle je prétends le premier m'astreindre, et à laquelle, avant tout, je vous demande aussi de vous astreindre. Je déclare que tout acte, aujourd'hui, dans le sein de la doctrine, qui serait de nature à être réprouvé par les mœurs et les idées morales du monde qui nous entoure, serait un acte d'immoralité; car il serait funeste à la doctrine en général; et pour MOI, *personnellement*, je le regarderais comme la preuve de désaffection la plus grande qu'un de mes enfans puisse me donner.

Voilà la règle morale que je vous donne à tous, règle morale qui a une autre forme, qu'il est utile de constater aujourd'hui devant vous. Tout est faux aujourd'hui dans les rapports de l'homme avec la femme. Ces rapports sont de maître à esclave : ceci doit disparaître parmi nous. Quand vous JUGEZ une femme, vous, hommes, vous, Saint-Simoniens, vous êtes dans un état d'immoralité : vous ne le pouvez plus dès ce jour ; vous avez tous à attendre, comme hommes, que la femme ait parlé, pour penser qu'il vous soit possible, à vous qui avez fait la LOI sous laquelle elle vit, de JUGER un acte qu'elle aurait commis comme un acte d'immoralité. Permis à tous les hommes en dehors de nous de JUGER les femmes qui sont encore sous leurs lois ; ils le peuvent ; ils sont maîtres : nous ne le pouvons plus, car nous cessons d'avoir des esclaves. Sachez-le bien, toute femme aujourd'hui que vous JUGERIEZ sans qu'elle vous accusât vous-même, sans qu'elle vous demandât compte de la LOI, que vous avez faite, de cette LOI véritable cause de l'acte qu'elle aurait commis ; toute femme, dis-je, que vous jugeriez ainsi, serait dans un état de moralité Saint-Simonienne plus grand que celui où vous vous trouveriez vous-mêmes en la JUGEANT.

Voilà donc les deux formes sous lesquelles je vous présente la règle morale que je désire être *aujourd'hui* la vôtre, et je dis que cette règle morale vous place dans une position où aucune LOI précédente n'a pu vous mettre à l'égard des femmes. Vous êtes, non pas les défenseurs, les champions de la femme, comme au moyen âge ; vous attendez, vous écoutez sa parole, vous recueillez ses révélations; elle est libre en face de vous. J'ai dit tout ce qui pouvait être dit pour qu'elle parlât; vous n'avez plus à la presser ; elle sait qu'un homme votre PÈRE appelant la femme à lui, a dit tout ce qu'il fallait dire pour qu'elle pût parler librement, et cela suffit. Encore une fois, vous avez à écouter et non pas à parler ; vous devez même fermer vos yeux de manière à ne pas faire tomber sur la femme, par vos regards, le poids de la chaîne chrétienne, et à ne pas faire tomber non plus involontairement sur elle le poids plus épouvantable du désir païen. Et je vous répète encore ici qu'avant tout vous devez regarder les idées que j'ai présentées, sur la femme, comme une exagération, comme une limite extrême, posée par moi pour laisser à la femme, entre cette limite et la loi chrétienne, assez d'espace pour se prononcer librement; qu'ainsi ce n'est point une LOI que je vous donne, une doctrine, un enseignement à faire, mais bien seulement l'opinion d'un seul homme que j'énonce.

En vous parlant des affections VIVES et passagères, j'ai été nécessairement conduit à prononcer le mot de *divorce*, parce que cette facilité de certains êtres de passer d'une affection à une autre implique en effet l'idée de divorce. Toutefois je veux vous présenter le divorce sous une forme plus générale que celle-là.

Le divorce peut tenir soit à une faiblesse, à un *vice*, soit à une puissance, à une *vertu*, soit enfin à un *désaccord* entre les deux êtres unis, l'un s'élevant par ses vertus, par sa puissance, l'autre s'abaissant par sa faiblesse, par ses vices. Ainsi le divorce se présente sous ces trois formes; savoir: ou bien les êtres unis tombent en quelque sorte en faillite morale, se désunissent et se séparent par faiblesse, n'ayant plus la puissance de rester unis: ou bien, au contraire, marchant tous les deux vers un avenir plus grand, tous deux rencontrent devant eux quelque chose de plus élevé que ce qu'ils avaient auparavant dans leur union, en sorte qu'ayant accompli leurs progrès sous une forme double, ils le recherchent sous une forme double nouvelle; ou bien enfin, des deux êtres unis, l'un s'élevant et l'autre restant à la même place ou tombant, la séparation devient à l'un et à l'autre nécessaire: toutes conditions de la perfectibilité humaine. Voilà, dis-je, quelle est ma conception sur le divorce.

Maintenant, si ces mariages successifs sont autorisés, quelle sera la limite, le temps, la durée qu'on pourra leur déterminer un jour? devant toute question de LIMITE, je m'arrête; la femme parlera; elle parlera sur tout, et particulièrement sur ces questions de convenance, de tact, de délicatesse, où je me tais. Je n'ai, moi, rien à dire, et j'ai fait tout ce que je devais faire en posant des termes tels qu'ils permissent à la femme de parler toute sa pensée, sans nulle crainte du vieil anathème chrétien.

Le PRÊTRE, ai-je dit, a pour mission de diriger, de développer les *deux natures* des êtres à affections *vives* et des êtres à affections *profondes*, et de les UNIR par un lien de *convenance* et d'estime réciproque, de les unir l'une à l'autre, en les faisant s'aimer l'une et l'autre par leur amour commun pour lui et pour les destinées vers lesquelles il les entraîne. Le prêtre doit donc, lui, sentir également les *deux natures*, les comprendre et les aimer également ; sans cela sa puissance d'action, de direction, d'inspiration, de RELIGION lui manquerait ; il serait encore réduit à l'anathème chrétien ou païen.

Le PRÊTRE, le clergé, a pour mission d'inspirer les travaux de la *science* et les travaux de l'*industrie* : les relations dans lesquelles le CLERGÉ se trouve à l'égard de toute la société par la poésie, les beaux-arts, se retrouvent dans les relations personnelles du COUPLE PRÊTRE avec les fidèles. La mission du prêtre est donc de régulariser et de développer les appétits *intellectuels* et les appétits *charnels* ; ainsi que sa mission est encore de faciliter l'union des êtres à affections PROFONDES en les garantissant de la *violence* des êtres à affections VIVES, et de faciliter également l'union et la vie des êtres à affections VIVES, en les garantissant du *mépris* des êtres à affections PROFONDES.

Quelle que soit la difficulté de concevoir aujourd'hui le sacerdoce, en lui donnant une mission aussi grande, aussi difficile, n'oubliez pas que *le sacerdoce c'est l'homme et la femme*, et non pas l'homme *seulement* ou la femme *seulement* : surtout vous rappelant les difficultés du sacerdoce passé, ne craignez pas de vous présenter les difficultés du sacerdoce nouveau dans toute leur étendue ; car certes, en songeant aux obligations du sacerdoce chrétien, vous verrez qu'il est bien plus difficile d'admettre, de concevoir comment l'humanité trouva ses prêtres chrétiens qu'il ne peut l'être aujourd'hui d'imaginer comment l'humanité trouvera ses COUPLES du sacerdoce Saint-Simonien.

Ce serait en effet une chose difficile que de trouver parmi les hommes un homme ayant assez de puissance morale pour donner également la main à *deux natures* dissemblables, comme celles dont je viens de parler, les êtres à affections VIVES et les êtres à affections PROFONDES. Cette difficulté est bien visible aujourd'hui, dans le mouvement qui se passe au sein de la doctrine. Moi qui suis *seul* à la tête de la doctrine, je suis obligé de laisser de côté une face de la vie......

PIERRE LEROUX *interrompant avec vivacité :*

Vous exposez là une doctrine que vous avez développée devant le collége et qu'il a unanimement réprouvée ; je suis venu ici pour le déclarer, je vais me retirer.

PÈRE ENFANTIN :

Il est impossible à un homme, en voici la preuve, de maintenir l'égalité entre les hommes et les femmes qui ont des affections PROFONDES, et les hommes et les femmes qui ont des affections VIVES. La preuve, je vous ai dit qu'elle était présente; vous la voyez. En effet, il ne m'est pas donné aujourd'hui de prononcer une parole qui satisfasse les êtres à affections PROFONDES et les êtres à affections VIVES. Voilà l'homme (montrant Leroux) qui représente le mieux la VERTU, *telle qu'elle a été conçue jusqu'à présent.* Et vous le voyez, la vertu EXCLUSIVE de cet homme ne peut pas comprendre ce qu'il y a d'UNIVERSEL dans mes paroles.

PIERRE LEROUX : C'est parce que votre doctrine est un pur système, discuté et réprouvé dans le collége, que je suis venu le déclarer ici.

PÈRE ENFANTIN : J'ai dit moi-même que ces idées m'étaient personnelles, qu'elles devaient avoir la réprobation de tous les HOMMES, parce qu'elles étaient dans des termes tels que la FEMME pouvait, entre ces termes et ceux de la loi chrétienne, dire tout ce qu'elle avait à dire : je l'ai dit ; je tiens à ce que tout le monde sente pourquoi je m'exprime ainsi. Il est impossible de concevoir comment la femme serait affranchie si un homme n'osait pas s'exprimer comme je viens de le faire : elle ne parlerait pas.

CARNOT : Lorsque tous réprouvent les idées émises par le chef d'une association, il leur est impossible de demeurer en communion avec lui.

PÈRE LAURENT : Ayez donc la patience d'attendre.

PÈRE BARRAULT : Vous avez accepté la hiérarchie du père Enfantin.

CARNOT : Je vais la renier, il faut que toute vérité soit connue.

JULES LECHEVALLIER : Quant à moi, je me retire, car je n'accepte plus la hiérarchie du P. Enfantin, je n'accepte pas non plus celle du P. Bazard. Je suis encore une fois seul dans ce monde. — Si vous me permettez de parler, comme vous en avez le droit, puisque vous présidez une réunion où tous vous reconnaissent pour chef, je ferai ma profession de foi publique.

PÈRE ENFANTIN :

Tu parleras..... Je le répète, j'ai dû poser des termes tels que la femme, en présence de ces termes et de la loi chrétienne, fût en libre possession de la parole : voilà ce que j'ai voulu et ce que je veux encore aujourd'hui. Je vous ai déclaré que vous eussiez à regarder mes idées sur la femme comme l'opinion d'un seul homme et non point du tout comme une LOI, comme une doctrine, car il n'y aura de LOI et de doctrine MORALE définitive qu'alors que la femme aura parlé. Je vous ai déclaré en outre qu'en attendant la *loi définitive*, nous avions une *règle morale* à laquelle je veux, moi le premier, m'astreindre, vous demandant, à vous aussi, de le faire; je vous ai déclaré que tout acte, aujourd'hui, parmi nous, qui serait de nature à être réprouvé par les mœurs et les idées morales du monde était un acte immoral, et que je le regarderais comme la preuve de désaffection la plus grande qui pût m'être donnée : et voilà qu'après ce que j'ai dit, des hommes qui m'ont suivi jusqu'à présent PROTESTENT contre l'apparition de cette parole. Il faut donc qu'il y ait dans leur cœur une réprobation contre la femme, bien puissante encore! Que craignent-ils? Que la femme ne parle, probablement! que la femme ne vienne dire ce qu'elle sent! je dis *la femme* : ils ne peuvent pas craindre que ce soit une femme dégradée, avilie, infâme. Que pourrait-elle sur vous? pourrait-elle vous faire marcher? Une femme d'immoralité! elle n'aurait aucune puissance sur vous!

Avez-vous peur qu'une femme, qui aurait en effet la puissance d'entraîner, vienne parler et dire : Je sens ainsi l'avenir? mais cette crainte c'est toujours la réprobation de la femme. Vous le savez pourtant : il faut qu'une femme vienne, puissante, qui se mette à la tête de l'humanité, et qui dise ce qu'elle sent avec tout le courage que j'ai pour l'appeler. Or, en ce moment, vous êtes évidemment dans l'impuissance d'appeler la femme, car ce n'est pas avec une PROTESTATION contre l'immoralité d'une théorie d'avenir qu'il est possible de dire aux femmes de parler, de parler devant les hommes, de dire sans rougir tout ce qu'elles veulent. Ce n'est pas par une PROTESTATION, par une NÉGATION que vous pouvez appeler la femme ; vous ne pouvez l'appeler qu'en AFFIRMANT, qu'en disant ce que vous désirez pour elle, comment vous concevez, comment vous espérez l'avenir pour elle. Or vous n'affirmez rien, vous ne l'appelez pas, VOUS NE L'AIMEZ PAS !

Eh! comment se fait-il que cette inspiration, que cette pensée de l'appel de la femme ne soit venue à aucun de vous, depuis bientôt six mois que je suis dans le collége répétant les termes de l'appel, ainsi que je le conçois, et que vous soyez obligés aujourd'hui de vous retirer? C'est que probablement vous n'avez pas une pensée, pas un sentiment d'émancipation pour la femme; c'est que sans doute vous ne voulez pas la voir parler, s'énoncer LIBREMENT. Si vous aviez voulu appeler la femme, au milieu de la lutte vous auriez parlé, vous auriez dit comment vous voulez l'appeler; mais vous n'avez rien dit, vous avez pu NIER, et vous n'avez rien pu AFFIRMER. Vous avez l'amour du passé, vous n'avez pas l'amour de l'avenir, et c'est pourquoi vous êtes muets en regard de l'avenir... A présent, Jules, parle.

JULES LECHEVALIER. Et moi aussi je crois à la nécessité d'appeler la femme; je crois que l'homme et la femme unis, s'entendant ensemble, peuvent seuls donner la loi de l'avenir. Ainsi ce n'est point à cause de l'appel de la femme que j'ai pris la résolution que je viens vous communiquer et par laquelle je me sépare, pour le moment, de toute hiérarchie. Mais ce que je reconnais comme une grave erreur, ce dont je m'accuse comme d'une faute que j'ai commise et que j'ai laissé commettre (et ici je *m'accuse*, afin de pouvoir également accuser les deux chefs de notre ancienne hiérarchie), c'est d'avoir cru à la possibilité de *constituer une famille* et d'avoir travaillé à la *réalisation* d'une *société* avant que la loi ne fût trouvée.

Oui, je pars de ce principe, parce que c'est le principe le plus large admis par le P. Enfantin, savoir, que le problème social de l'avenir dont l'expression est l'*association la plus complète*, l'*abolition de toute exploitation*, la *constitution de l'humanité pour le progrès*, ne peut être résolu que par l'établissement d'une *loi vivante*.

J'admets aussi que cette loi vivante ne pourra exister que par l'union de l'homme et de la femme. Je dis alors qu'il n'est pas possible de songer à constituer la famille Saint-Simonienne, tant que cette loi vivante ne sera pas trouvée; et que même jusque là la *religion* et la *politique*, tout aussi bien que la *morale*, devront rester à l'état d'élaboration, puisque la femme est déclarée l'égale de l'homme, dans le *temple* et dans *l'état*, aussi bien que dans la *famille*. Mais ce que je dis ici, je ne fais que le supposer en face de ceux qui acceptent encore tous ces principes, et je ne peux pas déclarer y avoir une foi entière, car j'avoue que je suis arrivé au DOUTE, au DOUTE COMPLET sur toute la doctrine, à l'état où je me trouvais avant d'être Saint-Simonien. Je n'accepte donc cette révélation sur la loi vivante et sur l'avenir de la femme, qu'afin de prendre position devant vous, et parce que, même en l'acceptant, je puis motiver suffisamment ma résolution.

Maintenant je vais vous dire mon histoire de Saint-Simonien et vous raconter mon passé pour justifier autant que possible ma situation présente ; après, je vous dirai mon but pour l'avenir. Le P. Enfantin prétend qu'en retournant au DOUTE, je devrais aboutir au suicide si j'etais conséquent. Non! je proteste de toute mon ame contre un pareil sentiment. Je puis bien avoir perdu la foi que j'avais en la doctrine, mais j'ai foi à la *vie*, j'ai foi au *travail*; je travaillerai jusqu'à la mort, avec l'espérance de trouver la vérité. On m'a classé comme *théologien*, je veux bien n'avoir éte qu'un théologien. Le théologien est celui qui cherche la vérité. Eh bien! il y a une unité dans ma vie, je me suis toujours dévoué à la recherche de la vérité. Si c'est là toute ma vocation, toute ma capacité, je continuerai comme j'ai commencé.

Depuis l'âge où l'homme peut se décider librement à quelque chose, je n'ai pris que deux résolutions : celle qui m'a fait déclarer que j'acceptais la religion Saint-Simonienne, et celle qui me fait déclarer aujourd'hui que je ne l'accepte plus.

Le jour où j'ai été converti à la doctrine, j'y suis venu avec une profession de foi écrite. Dans cette profession de foi, j'ai dit que je croyais avoir trouvé le but de ma vie ; qu'au nom de Dieu je mettais ma destinée entre les mains de *Bazard-Enfantin*, chef de la doctrine qui m'avait été annoncée par Ch. *Duveyrier*; qu'après huit années de recherches, de travail, j'étais heureux de pouvoir enfin *m'orienter* vers l'avenir; que j'y marchais, parce que je croyais me trouver sous l'influence de la doctrine la plus favorable au progrès, et avec les hommes les plus dignes de me guider pour l'accomplir. Je reconnaissais donc par là *l'imperfection* de la doctrine et celle des hommes qui la dirigeaient; mais je sentais que de mon côté l'imperfection était encore plus grande, et je me soumettais avec dévouement à ceux que je regardais comme supérieurs à moi. Le sentiment de ma propre faiblesse était si profond, que je n'hésitai point à la confesser. Cet aveu me purifia, me fortifia et me permit d'accomplir les fonctions qui me furent confiées. Depuis j'ai toujours travaillé avec zèle et ardeur; et ici j'en appelle à tous ceux avec lesquels je me suis dévoué à l'humanité, je leur demande si jamais, même dans les circonstances difficiles, je leur ai paru faible, manquant de courage et d'énergie (*marque d'adhésion générale*). On m'a souvent donné mission de *gouverner* des hommes et *des femmes!* j'ai eu la faiblesse d'accepter, ainsi j'ai été nommé directeur du second degré; mais, en réalité, je n'ai jamais pu le diriger : convaincu de mon insuffisance, je me démis de cette fonction et je ne m'en pris qu'à moi-même. Mais je ne tardai pas à voir que beaucoup d'autres raisons dont je n'avais pas eu nettement conscience m'avaient empêché de diriger convenablement le second degré. le collége lui-même n'était guère mieux gouverné, les deux chefs n'étaient plus d'accord en politique ni en *morale*; ils n'étaient plus en *religion*. Du jour où j'ai eu la conviction de ce fait, ma foi dans les pères, surtout comme *directeurs d'hommes*, a faibli, mais je n'ai jamais cessé de croire que les hommes avec lesquels je travaillais étaient dans la voie de l'avenir, que j'y étais moi-même.

Sur ces entrefaites, la discussion fut portée dans le collége; j'étais en mission. Ici je dois déclarer que, depuis le moment où je me suis avoué *missionnaire*, et où j'ai *préféré* cette fonction à tout autre, l'état de ma foi a été tel que je viens de l'exprimer.

J'avais prévu que jamais l'accord ne pourrait s'établir entre nos pères, tant que leur position relativement l'un à l'autre ne serait pas changée ; je leur écrivis de Strasbourg et leur proposai quelques moyens de conciliation ; mais je n'osai point envoyer cette lettre, craignant d'avoir été trop loin. Ce fut alors que je reçus de *Duveyrier* une lettre m'annonçant que tout était fini et que nos deux pères s'étaient embrassés en présence du collége. Je fus vraiment transporté de joie, et j'écrivis immédiatement à Bazard-Enfantin que, pour la première fois, je me sentais entièrement *religieux* et plein de foi en eux, que j'allais venir me jeter dans leurs bras. Cette lettre fut portée par *Capella*. A mon retour de Strasbourg, je trouvai la discorde au lieu de l'accord ; seconde illusion détruite ! Le collége me sembla divisé en deux camps, celui du P. Bazard et celui du P. Enfantin ; pour moi je bornai mon rôle à essayer d'écarter la question qui avait amené la discussion entre nous, et par mon amour, par des témoignages de toute nature, je m'efforcai de maintenir entre les deux pères un équilibre que je *rêvais* ; car en politique on rêve toujours quand on cherche *l'équilibre* des pouvoirs. Ma position ne fut pas bien comprise, on m'appela un homme du *juste-milieu*. J'avais pourtant un parti bien pris et je ne songeais pas à m'arrêter en chemin ; car déjà j'avais déclaré à Carnot, qui ici peut en rendre témoignage, que, si les deux chefs de la doctrine cessaient d'être d'accord, je ne marcherais ni avec l'un ni avec l'autre, mais que jusque-là je voulais tout faire pour éviter une rupture. (*Carnot* : c'est vrai.) La discussion fut suspendue un moment, je repartis pour Metz en qualité de missionnaire. Là je reçus une lettre où l'on m'annonçait officiellement que le père Enfantin était devenu le chef suprême de la religion, qu'à côté de lui se trouveraient désormais placés : *Olinde Rodrigues* comme chef de culte, et *Bazard* comme chef du dogme. Je fus tout étonné d'apprendre qu'Olinde Rodrigues était devenu le chef de quelque chose et que Bazard avait consenti à *obéir*. Aussi n'avais-je pas grande confiance dans cet arrangement, mais la pièce était officielle.

PÈRE ENFANTIN : Tu sais que c'est Bazard lui-même qui l'avait corrigée.

DUGIED. Il avait indiqué la correction.

JULES LECHEVALLIER. Vous allez voir tout à l'heure où j'en suis avec le P. Bazard.

La pièce était officielle, je la communiquai aux membres de la nouvelle famille de Metz, et je fis des vœux pour que la constitution pût se maintenir. Cependant j'étais encore plein de doute; aussi, en arrivant à Paris, je ne voulus point aller tout d'abord rue Monsigny, et, pour la première fois depuis mes missions, je descendis à l'hôtel. La première personne de la famille que je rencontrai fut *Cécile Fournel ;* elle m'apprit que le P. Bazard quittait la rue Monsigny. Je déclarai à *Cécile* que provisoirement je me rallierais à la hiérarchie constituée; néanmoins je me rendis auprès du *P. Bazard.* Il abandonnait le centre de la famille; il s'était laissé déposséder; je ne pouvais reconnaître en lui le chef de la Doctrine ; *je saluais un vaincu ;* mais je sentais lui devoir mon *premier* témoignage d'affection, parce que je l'aime profondément et qu'il a beaucoup souffert dans cette longue crise. A l'égard du P. Enfantin, je me trouvais encore dans l'incertitude ; je réfléchis beaucoup à ce qui se passait autour de moi; et, après avoir vu les divers membres du collége avec lesquels je sentais avoir quelque chose à faire, j'acquis la conviction que le temps était venu de se manifester.

C'est ce que je viens faire aujourd'hui. Je pense que la Doctrine Saint-Simonienne ne peut plus être considérée comme à l'état d'*association*. Le chef suprême ayant déclaré que la *morale* n'était pas faite encore, il ne peut prétendre à *réaliser*, à *gouverner*. J'entends par *gouverner*, assumer sur soi la responsabilité de personnes qui ne peuvent se vouer à l'*apostolat*, et qui n'ont ni leur *liberté* ni la conscience profonde du but où elles marchent. Ces personnes, ce sont les hommes peu capables, les vieillards, les jeunes filles, les enfans ; et à cet égard je crois pouvoir dire qu'il y a des *enfans* dans tous les degrés de la doctrine. Pour *gouverner* il faut que la loi morale soit donnée ; jusque-là la doctrine ne pourra se maintenir et se sauver qu'en venant à l'*état apostolique* pour l'appel de la femme. Actuellement c'est une expérience que l'on veut faire. Nous sommes ici dans un *laboratoire ;* il n'y a plus place pour des *sujets*, mais pour des APÔTRES.

Nous avons entrepris une œuvre de réalisation : *Associations d'ouvriers, maisons d'éducation*, etc. C'est une tentative prématurée ; c'est une faute commise par Bazard et Enfantin, faute que nous avons tous partagée. Ce que nous avons de mieux à faire, c'est de la réparer et de ne point l'aggraver en continuant dans la même voie.

Le P. Bazard s'est éloigné de la maison de Saint-Simon : il laisse un autre que lui parler seul en ce nom ; je ne crois pas que le P. Bazard puisse, du moins pour le moment, prétendre à une mission de *chef*.

Le P. Enfantin veut s'instituer chef d'une association qui réalise, d'un *gouvernement* et non d'un *corps apostolique*. J'expliquerai plus tard comment je conçois la constitution de ce corps apostolique. Pour le moment je me contente de proclamer que le seul moyen de salut pour la doctrine de Saint-Simon, c'est de cesser l'*œuvre de réalisation* qu'elle a entreprise, et de chercher, non plus des *sujets*, mais des *apôtres*. Nous ne devons cependant pas oublier qu'au nom de Saint-Simon nous avons appelé beaucoup d'hommes qui ne peuvent nous servir dans l'œuvre d'apostolat ; que nous avons fait quitter à plusieurs d'entre ces hommes une famille, une fonction dans le monde ; notre devoir est de les faire rentrer dans leur état antérieur, en leur faisant éprouver le moins de froissement possible ; nous devons rester tous *en communion* pour cette œuvre, et y consacrer tout notre travail, tous nos moyens moraux, intellectuels et matériels. Je propose donc que, pour tout ce qui regarde la réalisation, la doctrine se mette EN LI-

QUIDATION ; et que ceux d'entre nous qui en sont les plus capables soient chargés de cette liquidation.

Quant aux nouvelles théories morales et aux questions de doctrine qui me séparent du P. Enfantin, je ne puis pas encore m'expliquer nettement puisque je doute ; mais ce qui est profondément résolu chez moi, ce dont je réponds devant Dieu et devant les hommes, c'est que je ne marche plus tant qu'on voudra réaliser ; *c'est que je ne reconnais plus de famille Saint-Simonienne.* Vous voyez que je suis dans une situation bien douloureuse. Oui! je DOUTE, je DOUTE même de Saint-Simon, je DOUTE de ceux qui l'ont continué, je DOUTE DE TOUT enfin, *je redeviens philosophe.*

Raymond Bonheure : Doutez-vous qu'il y ait nécessité de s'aimer les uns les autres : Tout Saint-Simon est là.

JULES. Je ne répudie pas mon passé ; j'accepte encore l'héritage de Saint-Simon, mais *sous bénéfice d'inventaire ;* je reconnais que Bazard et Enfantin, qui ont été enseignés par *Rodrigues*, sont ceux qui jusqu'ici ont le mieux continué Saint-Simon ; je reconnais leur devoir beaucoup ; mais pour l'avenir, je n'ai plus foi en eux. Me voici donc encore une fois *seul*, seul sur la terre ; mais, comme l'a dit, en me voyant ce matin, un des hommes qui reconnaissent partout des *symboles* (*Ch. Duveyrier*), je porte encore l'*habit de l'espérance.* Oui, je vais chercher la vérité avec un ferme espoir de trouver ce qui sera bon pour mes semblables et pour moi. Je sais à quel sacrifice doit se condamner l'homme qui ose accepter une position pareille, et je connais toute la responsabilité que j'ai assumée sur ma tête, en prêchant au monde la parole de Saint-Simon. Il ne m'est plus permis de reculer, et plus que jamais je me dévoue à l'humanité, à la vérité.

Pour cela je *renonce à ma famille du sang* et je me considère comme dégagé de toutes les obligations que m'imposeraient, à son égard, les sentimens de mon cœur aussi bien que les lois de la société actuelle. Je *renonce* pour toujours à *vivre* d'une doctrine que je ne regarderais pas comme constituée, à *vivre de l'autel*, là où il n'y a pas encore d'autel.

Je *renonce à me marier* tant que je n'aurai pas une loi de mariage et un prêtre pour bénir mon union. Désormais je ne puis avoir avec la femme aucune relation qui soit reconnue LEGITIME par les mœurs et par les lois telles que le christianisme les a faites. J'ai oublié de dire tout à l'heure que, lors même que j'accepterais l'appel de la femme comme l'entend le P. Enfantin, je devrais encore n'y point prendre part, car je ne me sens pas la force d'obéir à la loi qu'il a donnée *provisoirement*.

J'ai voulu ajouter ces paroles, afin que personne ici ne pût croire qu'il y ait d'autres causes de ma retraite que celles que j'ai énoncées publiquement. Je n'ai pas craint de livrer ma vie passée au P. *Enfantin*, il sait qu'elle *justifie sa morale*. Je n'accepte nullement cette morale, mais puisque le P. Enfantin fera une *expérience sur l'humanité*, qu'il se serve de ma vie pour son expérience. Je la lui abandonne. Depuis que je vis dans la doctrine, j'ai fait toutes les confessions dont je me suis senti capable ; ce que je n'ai pas dit encore, j'aurai le courage de le dire au P. Enfantin. Je promets de le faire.

J'ai un dernier devoir à remplir. Je me trouve depuis plus d'un an en relation très-intime avec un des membres de la doctrine ; il m'a nommé son ami, son protecteur, il a voulu attacher sa vie à la mienne. Dans tous ses momens de souffrance c'est à moi qu'il a eu recours; je me suis toujours efforcé de l'aider et de le servir. Lorsque j'ai pris ma résolution, je lui en ai fait connaître les motifs, lui disant *où je n'allais pas* et lui demandant *où il voulait aller*. Il m'a répondu : « Puisque vous n'êtes plus avec le P. Enfantin, je me sépare de lui ; mais je ne puis pas vous suivre. » L'homme dont je parle, c'est *Abel Transon*. Il est ici. Il vous parlera tout à l'heure.

Je n'ai plus rien à ajouter; tout est fini maintenant. (Jules se dispose à sortir.)

PÈRE ENFANTIN : Jules, tu sais bien que tu as dit dans ta profession de foi : *tout est fini et tout commence.*

JULES : Oui, sans doute. Tout est fini et tout *recommence.*

(Jules se rasseoit.)

TRANSON donne lecture de la lettre qu'il a écrite à Jules Lechevallier.

Moi! Je ne suis pas philosophe, je suis un homme religieux, c'est vous, Père Enfantin, qui me l'avez appris. Oui, je suis un homme religieux, et c'est précisément parce que je ne vois plus de religion ni en Bazard ni en vous que je me retire. Je suis un *porte-bannière*, je ne porte plus la vôtre; je n'y ai plus foi, je disparais. Voilà comment je ne suis pas philosophe, mais bien un homme religieux. J'irai où je verrai une religion. Vous, Père Enfantin, vous me connaissez; c'est vous qui m'avez mieux compris que personne.

PÈRE ENFANTIN : Ce que tu as écrit de mon intelligence *incomplète*, et sur mon sentiment *incomplet* de la nature humaine, n'est-ce pas comme si tu avais dit que je n'ai pas de femme, que tu n'as pas ici de mère? Ne rattaches-tu pas ces deux choses l'une à l'autre? et ne penses-tu pas que l'homme qui est à la tête de la doctrine, n'ayant pas de femme, doit avoir *l'imperfection* que tu viens de signaler? Si donc cette imperfection que tu lui reproches était en effet dans la nécessité même des choses; si, par exemple, dans l'impuissance où il est de déterminer les confessions publiques, il s'était trouvé dans une position où, pour les déterminer, il fallait indirectement les *provoquer*, je te demande alors si tu pourrais dire : Je me sépare de cette bannière!

TRANSON : Je crois bien que l'absence d'une femme qui vous complète est une des raisons qui nous ont mis jusqu'ici dans l'impuissance de produire des confessions publiques. Tout ce qui m'a répugné, tout ce qui a fait que je me sépare de vous, c'est qu'ayant eu la puissance de provoquer des confessions particulières, vous les avez divulguées ; vous en avez fait usage sans le consentement de ceux qui les avaient faites.

PÈRE ENFANTIN : pour la doctrine !

TRANSON : J'avoue que l'usage que vous en avez fait était en faveur de la doctrine et dans les intérêts de l'humanité ; mais je n'en persiste pas moins à dire qu'il y a là mépris de la dignité humaine ; je suis prêt à me sacrifier pour l'humanité, mais je veux savoir que je me sacrifie : je livrerai ma vie quand on voudra.

PÈRE ENFANTIN : Tu as raison, c'est ce qui doit nous presser d'avoir dans la doctrine la FEMME, que nous appelons aujourd'hui ; c'est elle qui doit déterminer la LIMITE que personne ne doit franchir sans sacrilége, la limite de la *personnalité*. Je te demande à toi si tu ne penses pas que la présence de la femme fera disparaître cet abus, et que l'individualité parmi nous n'est pas assez respectée, précisément parce que nous n'avons pas de famille, pas de femme.

TRANSON : C'est parce que l'individualité n'est pas assez respectée que je me retire. L'homme ou la femme qui vous auront confessé leur vie, leurs actions, qui vous auront donné ce témoignage de confiance, repousseront votre autorité, si vous usez de leur confession, sans leur en avoir demandé la permission.

PÈRE ENFANTIN : Sous quelle loi tout cela a-t-il eu lieu ? Quand nous avons pris la doctrine, Bazard et moi, les individualités ont disparu complétement : vous avez été sous une loi despotique, nous avons eu seuls un NOM..... Nous avions dit, dans le temps dont je vous parle, que le prêtre ou le chef avait liberté de faire de la confession ce qu'il jugeait convenable. Cela a été dit : jamais tu n'as entendu d'autres paroles sortir de la bouche de Bazard ou de la mienne ; vous sentiez tous, comme nous, que nous ne pouvions gouverner la doctrine, à l'état d'imperfection où elle était, sans avoir cette forme ABSOLUE de gouvernement.

TRANSON : Dans les premiers temps du christianisme, il y a eu la confession publique. Je rends hommage aux hommes qui dans notre siècle, ainsi que Baud et d'autres, ont conservé assez de dignité pour se garder purs; mais il y a quelque chose d'aussi grand dans l'humanité, c'est de venir devant les hommes déclarer comme quoi sa chair a été salie. Je viendrai quand vous voudrez, mais je ne veux pas que vous puissiez livrer une confession sans le consentement de celui qui vous l'a faite.

PÈRE ENFANTIN : C'est ce que je veux faire disparaître aussi bien que toi-même ; mais réfléchis à l'état d'imperfection où nous étions. Je le répète, *tant que la femme ne sera pas au milieu de nous*, exerçant avec l'homme l'autorité, les LIMITES dans lesquelles le pouvoir devra restreindre son influence sur les *individus* seront mal posées, le cercle de la *personnalité* sera trop resserré ou trop étendu; la seule *autorité* légitime est celle de l'*homme et de la femme*, car c'est la seule qui puisse donner la véritable *liberté*.

PÈRE MICHEL CHEVALIER (*à Transon*) : Tu trouves qu'il y a eu jusqu'à présent un grave abus dans le gouvernement Saint-Simonien ; ce n'est pas là une raison pour te séparer de nous.

PÈRE DUVEYRIER : Il est très-vrai que la dignité, la personnalité humaine n'a pas été assez respectée. Mais évidemment, quelque effort qu'ait pu faire le P. Enfantin pour se grandir, il lui a été impossible de réaliser tout ce que nous attendons de notre chef; *la femme n'étant pas là*. Le moyen le plus prompt de remédier à cet abus, c'est d'*appeler la femme*.

TRANSON : J'accepte complétement ce que vient de dire Duveyrier; mais je ne veux pas que l'on use de la confiance des hommes sans leur consentement. Je crois que le P.

Enfantin aurait et a très-bien fait de pousser à la confession publique ; mais le moyen qu'il a employé ne me paraît pas *une imperfection qui perfectionne*.

Jules Lechevallier : Je ne pense pas comme Transon ; ces confessions ont été faites au P. Enfantin par des hommes qui avaient accepté son autorité ; il avait le droit d'en faire ce qu'il voulait.

Pierre Leroux : Mon devoir, P. Enfantin, est de déclarer que votre doctrine n'a pas été approuvée par la majorité des membres du collége. Quant à moi, je m'y suis opposé de toutes mes forces, je ne reconnais plus votre autorité, et je m'éloigne. En proclamant la division trinitaire, en vous déclarant chef suprême avec Bazard et Rodrigues, chargés l'un de la science et l'autre de l'industrie, nous n'avons jamais entendu approuver la doctrine que vous professiez. Aujourd'hui vous l'avez exposée d'une manière très-obscure pour l'immense majorité des Saint-Simoniens.

Plusieurs voix : Non, non.

Pierre Leroux : Je dois déclarer que je ne partage pas cette doctrine, jusqu'ici restée secrète pour la plupart des Saint-Simoniens. Ce qui caractérise tout-à-fait l'époque nouvelle, c'est l'abolition de toute doctrine secrète, la mise à nu, devant tout le monde, de toutes les questions. Jusqu'ici vous avez été la loi vivante, vous avez gouverné les hommes tout-à-fait en vertu de la doctrine que vous aviez au fond du cœur : il est temps qu'elle soit connue. Vous avez commencé à l'exposer, tous sont appelés à l'examiner. Je crois que nous devons entrer maintenant dans une époque de liberté, où nous devons examiner avant de suivre l'enseignement d'un seul homme. Je vous déclare donc que je ne reconnais plus votre autorité, que je me retire de votre communion, j'examinerai à part moi les idées nouvelles.

Cazeaux, *s'adressant au père Enfantin :*

Il doit y avoir deux doctrines dans le monde, une incarnée

en vous, une autre dans le père Bazard. Nous appellerons aussi la femme à notre manière. J'admets entièrement votre doctrine, et je vous aime dans l'œuvre que vous accomplissez; mais je sens une autre œuvre et je marche; votre doctrine est une doctrine de déliement universel dans l'ordre politique, civil et moral, mais je veux préparer la doctrine du ralliement. A l'arrivée de la femme, les deux doctrines pourront, par une révélation, marcher ensemble; jusque là il faut qu'elles marchent séparées.

PÈRE ENFANTIN : Tu as foi que l'œuvre la plus importante est l'appel de la femme, sous deux formes?

CAZEAUX : La forme que vous avez présentée est éclatante, enivrante; je crois que nous devons en présenter une autre.

PÈRE ENFANTIN : Tu as dit qu'il y avait deux formes d'appel pour la femme, par conséquent deux modes de manifestation pour la doctrine. Mais tu as conclu de ce que la femme n'était pas là que ces deux modes de manisfestation devaient être indépendans, isolés, séparés.

CAZEAUX : Il y a un fait nouveau à établir dans l'humanité. C'est le fait que nous tous, moi et ceux qui accompagnent le Père Bazard, et ceux qui vous accompagnent, devons établir. Ce fait, c'est précisément une harmonisation particulière entre les deux formes nouvelles.

PÈRE ENFANTIN : Tu dis que ces deux formes doivent rester désunies pendant tout le temps nécessaire pour appeler la femme, et que la femme les unira? Est-ce là ce que tu penses?

CAZEAUX : Je ne peux pas exposer ici un système; je ne suis venu ici que pour PROTESTER : j'élève ma voix et je ne discute pas.

PÈRE LAURENT : Je crains que la manière dont *Leroux* a présenté la question n'entraîne quelques-uns à se méprendre sur le caractère de notre division. Il est très-vrai que, dans le collége, lorsque vous avez émis vos idées sur les relations de l'homme et de la femme, il y a eu une espèce d'émeute contre elles. Mais, ainsi que vous l'avez dit, ce n'est pas une loi, une doctrine que vous nous donnez ; votre théorie ne doit être regardée que comme l'opinion d'un seul homme, et l'exagération même de ses termes n'a d'autre but que de laisser à la femme, entre ces termes et la loi chrétienne, assez de latitude pour trouver la limite véritable. Aussi, lorsque le P. Bazard a voulu motiver sa séparation sur ce fait, de l'émission d'une pareille théorie, tous ceux qui vous suivent ont protesté de leur non-adhésion à vos idées. Mais en attendant la femme, vous nous appelez à concourir à votre œuvre, nous demandant toutes les inspirations de notre conscience, et toutes les ressources de notre intelligence, et nous venons. La première femme qui parlera ne sera pas infaillible; celle qui prononcera la première parole ne s'emparera pas de nous aussitôt. Ce ne sera ni la parole de l'esclave, ni celle de la femme licencieuse qui sera puissante; mais ce sera celle de la femme libre de tout lien *licencieux* et de tout lien *d'esclavage*. Et même, jusqu'au temps où elle viendra, nous avons, nous, une très-grande part à prendre dans la formation de la morale nouvelle; c'est pourquoi tous ceux qui ont foi à la morale Saint-Simonienne doivent rester pour concourir à sa formation. Car certes nous ne pouvons penser qu'après que nous avons une POLITIQUE NOUVELLE, nous ayons à conserver une MORALE ANCIENNE.

REYNAUD : Si je ne croyais pas le Père Enfantin plus grand qu'il ne s'est posé devant vous; si je ne croyais pas qu'il y a dans sa vie quelque chose de plus fort, de plus puissant, je me retirerais, je me vouerais, moi aussi, à la recherche de la vérité. La theorie que le Père Enfantin professe sur la femme n'est qu'un détail de l'ensemble de sa théorie sur l'humanité. Je crois que cette théorie abolit toute la liberté humaine. La femme vient à la suite. Il abjurerait la grandeur de sa mission s'il pouvait croire aujourd'hui que ses opinions seront influencées par les nôtres. Il croit évidemment que la femme viendra légitimer ce qu'il a le premier annoncé, et c'est pourquoi il marche la tête levée. Moi, j'ai foi que la femme lui écrasera la tête : mais il faut attendre que la femme se lève ; jusque là ceux qui le suivront peuvent marcher. Eh bien! je ne me retirerai pas, je serai sur ses pas, et lorsqu'il aura parlé devant vous, je parlerai à mon tour et je parlerai plus clairement que lui : je le montrerai TEL QU'IL EST. Voici la mission que je me conçois. Avant que la femme ait donné la parole révélatrice de la nouvelle morale, nous avons un abîme immense qui s'ouvre devant nous : je chercherai à éclairer ceux qui n'auront pas la force de le franchir. Nous avons amené des hommes à la doctrine, c'est une responsabilité énorme pour nous. Je crains l'influence du Père Enfantin sur ces hommes, je resterai à côté de lui pour le leur montrer TEL QU'IL EST.

PÈRE ENFANTIN : Reynaud lui seul conçoit la mission de haut protestantisme ; il me sent grand, il me sait grand, il me voit grand, il veut protester là où l'on doit protester, à côté ; il confirme le jugement que Transon a porté sur Bazard. C'est là que Bazard devrait être, au-dessus de Reynaud ; c'est là que Bazard accomplirait, bien mieux encore que Reynaud, la mission que celui-ci veut remplir.

Je te l'ai déjà dit, Reynaud, tu as à voir ma vie tout entière et à la signaler. Tu as à dire quel est ce monde dont tu parlais l'autre jour, ce monde de boue. Ce monde! c'est l'homme qui fait marcher aujourd'hui l'humanité. Tu dois me sentir ainsi, jusqu'à ce que la femme te dise QUI JE SUIS ; jusque là tu ne le sais pas. Chaque fois que nous serons en présence de la famille Saint-Simonienne, chaque fois même que tu sentiras qu'en présence du public tout entier, tu as à PROTESTER contre un acte de mon autorité, tu le feras.

REYNAUD : Je ne crois pas que vous puissiez réaliser ce monde de boue ; vous ne trouverez pas, pour le réaliser, des hommes comme vous : *je ne sais d'où vous êtes*, mais vous pouvez tromper les hommes, et c'est pour empêcher qu'ils ne soient trompés que je vous montrerai *tel que vous êtes*. Vous avez dit que, jusqu'à ce que la morale nouvelle fût révélée, on devait marcher avec la morale chrétienne. Vous adoptez donc la morale chrétienne comme pratique, et votre immoralité comme théorie.

PÈRE ENFANTIN : Tu sais ce que j'ai dit hier : j'en appelais aux hommes forts qui n'aiment pas l'infaillibilité ; je t'ai dit que, si tu croyais à l'immoralité du chef, il y avait une seule méthode pour l'empêcher, c'est que tous ceux qui l'entouraient prononçassent hautement la volonté que j'ai manifestée tout à l'heure. J'ai dit que je regardais comme immoral tout membre de la doctrine qui commettrait dans sa vie actuelle un acte réprouvé par la morale chrétienne ou plutôt par les mœurs actuelles, car il n'y a pas plus de morale chrétienne aujourd'hui qu'il n'y a de prêtres chrétiens ; j'ai dit que je regarderais un tel acte, de la part de celui qui le commettrait, comme plus insultant pour moi que jamais n'a pu l'être parole sortie de ta bouche.

REYNAUD : Votre théorie enlève à l'homme sa dignité et sa conscience.

PÈRE ENFANTIN : J'en appelle au sentiment de ceux qui m'aiment et à la raison de ceux qui ne m'aiment pas : tu ne m'as pas compris. Tu crains les *fautes* du pouvoir, et tu le *soupçonnes* ; mais, avec la foi que nous avons qu'il n'y a plus d'infaillibilité sur la terre, c'est une folle prétention que de dire que le chef de la doctrine est en suspicion parce qu'il pourrait faillir.

REYNAUD : Vous dites que la morale Saint-Simonienne ne pourra être conçue que par l'homme et la femme ; la femme n'est pas venue et nous attendons la morale. Or, une association qui attend une morale peut bien se soutenir quelque temps avec les traditions de sa moralité ancienne ; mais tôt ou tard elle tombera dans l'immoralité. Je dis donc que cette association tombera dans l'immoralité, si la femme n'arrive pas demain ou après-demain ou du moins à une époque assez rapprochée. Le temps, nous ne pouvons le fixer; mais la marche de l'association sous votre direction, c'est la tendance à l'immoralité. Nous ne pouvons être, jusqu'à l'arrivée de la femme, qu'à l'état apostolique.

PÈRE ENFANTIN : Après que j'ai déclaré quelle était la conduite que je demandais à tous les hommes qui restent avec moi, conduite dont je veux leur donner l'exemple, tu ne saurais affirmer que la voie dans laquelle nous entrons est une voie d'immoralité. D'ailleurs le crois-tu ? Je tiens à ce que tu répondes formellement.

REYNAUD : J'ai déjà répondu que je ne croyais pas que vous vous montrassiez tel que vous êtes : non, vous ne vous êtes pas montré tout entier.

ENFANTIN : Tout entier, non : j'ai répondu tout à l'heure à *Leroux* que j'avais à continuer l'enseignement commencé, à développer ici ce qui a fait, pendant cinq mois, l'objet des travaux du Collége, et je ne puis le faire que successivement.

CÉCILE FOURNEL : Ma voix sera bien faible après toutes celles qu'on a entendues : je dois déclarer devant tous que je repousse la théorie qu'on a commencé à vous exposer ici avec une enveloppe très-épaisse, quoi qu'on en dise ; je la repousse, et, en la repoussant, je repousse celui qui la professe, qui veut la répandre, persuadé qu'elle est morale alors qu'elle ne l'est pas. Je dis que toutes les femmes qui m'entendent, qui me connaissent, doivent savoir que, pour avoir repoussé cette théorie, depuis cinq mois qu'elle est produite au Collége, il faut que j'aie bien senti qu'il y avait en elle quelque chose de bien profondément immoral, et j'espère faire partager mes craintes, faire connaître le danger qu'elles courent, aux femmes sur lesquelles j'aurai encore quelque influence.

Quelques voix de femmes dans les tribunes : Oui, oui !

FOURNEL : Enfantin a exposé sa théorie d'une manière très-obscure, et il n'a pas tout dit : vous avez bien des choses à apprendre.

PÈRE ENFANTIN : Vous les apprendrez; je n'ai jamais craint de les dire au Collége. Vous en êtes sûrs, je dirai tout; je n'ai rien à cacher.

FOURNEL : Il est très-vrai qu'au Collége tout a été dit : Nous savons tout.

PÈRE ENFANTIN : Ils sauront tout, mais je veux qu'ils le sachent par moi; je veux le dire à ma manière, qui est meilleure que la vôtre.

FOURNEL : Je ne doute pas que tout le monde ne connaisse bientôt la chose parfaitement : aussi je m'occupe fort peu de chercher en ce moment des membres individuellement pour la leur apprendre; je n'ai communiqué mes idées qu'à un ou deux. Je pense qu'après avoir posé une doctrine, quelque recommandation que vous fassiez pour ne pas la suivre, il est difficile qu'on ne cherche pas à la réaliser. Je ne sais pas ce que la femme retranchera de ces théories, mais je suis convaincu que la femme de l'avenir, la femme qui doit être à la tête de la doctrine, les reniera comme je le fais à présent.

PÈRE ENFANTIN : Il faut s'expliquer franchement; vous avez dit qu'il était difficile que la théorie et la pratique ne fussent pas d'accord; or, je vous demande si ma théorie précisément n'est pas que les idées que je présente sur la femme ne peuvent être ni obligatoires, ni *pratiquées* en ce moment. Voici ma *théorie* : c'est que tout homme qui voudrait *pratiquer* ou faire pratiquer des idées nouvelles sur les relations de l'homme et de la femme n'est pas Saint-Simonien.

Guéroult : Père Enfantin, le débat se passe entre vous et quelques membres du Collége ; il est impossible aux spectateurs de porter un jugement.

PÈRE ENFANTIN : Plus tard tu sentiras qu'il n'y a ici ni *débat* pour moi, ni *jugement* pour d'autres que moi.

FOURNEL : Vous avez dit que depuis long-temps vous étiez d'avis d'appeler la femme, et que Bazard avait semblé s'y refuser. Je ne sache pas, pour mon compte personnel, qu'il y ait eu discussion sur ce point. Bazard a pensé qu'en présence d'un monde en lutte avec nous, la voie de l'apostolat était celle qui nous convenait; il a cru que dans cet état il valait mieux que la doctrine fût gouvernée par des hommes que par un homme et une femme.

PÈRE ENFANTIN : Si Bazard et vous aviez désiré, comme moi, appeler la femme, vous auriez su lui dire, avant moi ou en même temps que moi, une parole nouvelle. Mes idées comprennent les vôtres, et encore d'autres que les vôtres ne comprennent pas. J'ai donné la loi de tous les amours qui peuvent s'exprimer par des hommes; c'est lorsque la femme connaîtra cette parole de l'homme qu'elle pourra répondre; tandis que vous, vous n'exprimez que l'une des formes de l'amour de l'homme, moi, je les exprime toutes.... Je ne dis pas que j'exprime l'amour de la femme.

FOURNEL : Vous n'exprimez pas non plus l'amour de l'homme, vous ne le connaissez pas.

PÈRE BARRAULT : Malgré la douleur que j'éprouve de voir la résolution prise par plusieurs membres du Collége de se séparer du P. Enfantin, dont ils avaient d'abord accepté la haute paternité, je sens le besoin de faire connaître à la famille Saint-Simonienne que ceux qui se séparent maintenant avaient, il y a huit jours, déclaré qu'ils adhéraient entièrement au P. ENFANTIN. Je le déclare ici bien hautement, je n'avais jamais cru à l'adhésion franche des membres du Collége, qui acceptaient la paternité du *P. Enfantin.* La conduite de Fournel et de quelques autres membres, relativement aux degrés inférieurs, me paraissait ressembler à de la diplomatie. Ils font aujourd'hui ce qu'ils auraient dû faire dès le premier jour, ils se rallient à Bazard. Qu'ils PROTESTENT donc en dehors, puisqu'ils ne se sentent pas le courage de le faire en dedans.

Pour moi, les idées du Père Enfantin sur les relations de l'homme et de la femme m'ont jusqu'ici répugné; mais le Père Enfantin a toujours été, à mes yeux, la vie de la doctrine; c'est pourquoi je me suis rallié à lui. Ce n'est pas sans une vive douleur que j'ai vu Transon, le porte-bannière de la doctrine, à côté duquel j'ai marché, se séparer de nous. Non, Transon, ta place est auprès du P. Enfantin, auprès de moi. Je t'ai senti, tu ne saurais nous quitter, car tu es religieux; tu ne suivras pas Jules, car Jules a dit que la doctrine est à l'état de faillite, de liquidation. Tu voudrais nous quitter! non, tu ne le pourrais pas, tu aimes les ouvriers, les petits enfans, ceux qui souffrent. Tu viendras avec le Père Enfantin, car il nous porte dans son cœur, il veut *réaliser* la doctrine, et non pas faire du *mysticisme* philosophique. (Bravo, bravo, applaudissemens.)

FOURNEL : Le mot *déloyauté* a été prononcé : je m'en étonne quand on peut offrir à tous une vie comme la mienne.

PÈRE BARRAULT : Oui, tu as été grand, toi et ta femme; mais vous deviez, il y a huit jours, faire ce que vous faites aujourd'hui, et ne pas prévenir la publicité que le Père Enfantin avait le droit de donner seul à ses idées, vous qui aviez accepté sa paternité.

FOURNEL : Si j'ai accepté le Père Enfantin il y a huit jours, c'est que j'ai voulu donner jusqu'au bout la preuve que je voulais éviter, par tous les moyens imaginables, une scission qui était flagrante; et dès lors je déclarai au Père Enfantin, en ta présence, que je ne me sentais plus en position de continuer la direction qui m'était confiée.

PÈRE BARRAULT : C'est le lendemain du jour où j'ai été obligé de porter cette accusation contre toi en présence du second degré.

JULES LECHEVALLIER : Je prie d'établir une délimitation entre ceux dont Barrault vient de parler et moi.

TRANSON revient encore sur l'abus qu'il accuse le P. Enfantin d'avoir fait de la confession secrète.

PÈRE ENFANTIN : En effet, j'ai pu et j'ai dû blesser certaines individualités ; mais, ainsi que je l'ai déjà dit, cela tient à l'état encore incomplet du pouvoir, à l'*absence de la femme*. D'ailleurs, quand j'ai reçu les confessions, j'ai dit que j'en ferais ce que je voudrais et que je les emploierais selon l'utilité sociale, et dans l'intérêt véritable des individus eux-mêmes ; je l'ai fait.

DUVEYRIER : Je reste auprès du P. Enfantin, parce que je crois que tous les défauts dont moi et plusieurs personnes avons souffert tiennent à ce qu'*il n'a pas de femme à côté de lui ;* de là défaut de dignité, langage léger, impossibilité d'agir d'une manière qui paraisse franche. Cependant j'ai la conviction que pas un de ses actes n'a été un acte individuel, d'égoïsme. Tous ses actes ont été sociaux, religieux, généraux, marchant à un but qui nous intéresse tous. Ses défauts ne sont que l'expression de ce fait, savoir : qu'il n'y a pas encore parmi nous la loi de *convenance*, de *pudeur*, de *fidélité*, en un mot, la loi que la femme est plus particulièrement propre à apporter. J'acclame à la manière dont le Père Enfantin a posé les termes pour appeler la femme. C'est donc avec joie que je déclare devant vous que je communie avec le Père Enfantin, et que je souffrirais horriblement moi-même de tout acte qui enfreindrait les habitudes morales du monde que nous voulons convertir à nous. Je dois dire à Reynaud que, quoique je n'envisage pas d'une manière très-nette l'avenir, cependant j'y vois déjà mieux et plus loin que je n'y voyais depuis long-temps. Je suis convaincu que la morale se présentera sous TROIS FORMES, l'une d'elles reliant et comprenant les deux autres.

LEROUX : J'expliquerai les motifs de ma conduite : je sors.

CARNOT : Je ne sais pas faire de mysticisme, et séparer la conduite des hommes des idées qu'ils professent. Je repousse les idées et l'homme qui les professe. L'appel du Père Enfantin est immoral : il tend à la *promiscuité* : ce n'est pas une loi nouvelle, c'est la négation de la loi chrétienne. Je déclare qu'Enfantin n'est pas plus Saint-Simonien dans l'ordre moral, que les partisans de la *loi agraire* dans l'ordre civil. Je vais là où est la doctrine, où l'on conçoit une œuvre de réédification. Quelqu'un a prononcé le mot *déloyauté ;* je suis étonné de l'avoir entendu dans cette enceinte ; je suis prêt à faire en public la confession de ma vie entière, je n'ai pas un jour à en retrancher ; que ceux qui peuvent en dire autant le fassent comme moi.

DUGIED : Ce que Carnot vient d'exprimer est mon opinion. Tout ce qu'il y avait en nous, de force, de fortune et d'avenir, nous l'avons consacré à une œuvre de reconstruction ; la théorie d'Enfantin n'est autre chose que la dissolution : je ne m'y associe pas.

Guéroult : Nous sommes le premier public, il est bon que nous soyons éclairés, afin de savoir si l'on nous trompe et si nous ne sommes que des instrumens.

CARNOT : Nous déclarons que la doctrine n'est pas ici.

PÈRE TALABOT : Il est juste que celui qui, un des premiers, a porté la parole de l'apostolat ait une parole toute particulière à dire. Eh bien ! je vous déclare que cet homme (montrant le Père Enfantin) est le chef de l'humanité.

La femme est aujourd'hui esclave : une esclave ne peut dire toute sa pensée ; elle doit être provoquée à s'expliquer librement.

(*S'adressant aux dissidens :*) Vous n'avez pas mission religieuse à accomplir, car vous continuez l'exploitation de la femme, vous ne pouvez pas lui donner la parole libre. Reynaud peut insulter, souiller de boue notre P. Enfantin; moi j'ai la confiance que cet homme porte l'humanité dans son sein, et je sens qu'en marchant avec lui, je la porte aussi.

Il est étonnant qu'après avoir entendu pendant six mois le Père Enfantin exposer sa doctrine dans le collége, on puisse la taxer de *promiscuité.*

DUGIED : C'est une erreur de dire que depuis six mois on nous enseigne cette doctrine secrète. C'est nous qui l'avons obtenue à force d'inductions et de demandes d'explications.

PÈRE ENFANTIN : Depuis dix-huit mois Bazard et Rodrigues la connaissaient; et Bazard s'est long-temps opposé à ce qu'elle fût livrée au Collége. Carnot vient de dire que ma doctrine est la promiscuité : je m'étonne de voir ainsi travestir mes idées.

CARNOT : Votre doctrine est la réglémentation de l'adultère.

PÈRE ENFANTIN. Jamais cette doctrine n'ira à l'adultère; l'adultère n'a lieu que parce qu'une nature est écrasée par l'autre; les idées que j'avance viennent donc, au contraire, PRÉVENIR l'adultère.

DUGIED : C'est vrai, il n'y a plus d'adultère, car le vice est réhabilité, réglémenté. Ce n'est que de cette manière qu'on peut dire qu'il n'y a plus d'adultère. Vous en jugeriez facilement si l'on vous enseignait d'abord les principes généraux sur lesquels reposent toutes ces idées.

PÈRE ENFANTIN : Chacun enseigne, *dans le monde*, d'après la méthode qui lui semble bonne, je prie qu'on me laisse exposer ICI mes idées comme je le croirai convenable.

DUGIED : On nous a demandé pourquoi nous nous retirions; nous avons voulu exposer nos idées, on ne l'a pas souffert.

PÈRE TALABOT : Comment peux-tu dire des choses qui feraient penser que des hommes que tu as aimés et que tu aimes encore sont des hommes abominables? je te demande à toi, Carnot, si nous pouvions vous laisser continuer d'exposer vos idées, comme vous avez commencé à le faire.

DUGIED : Nous ne pouvons accepter une discussion dont on nous imposerait les termes ; nous nous retirons.

TRANSON : Vous n'êtes pas libres d'empêcher aujourd'hui le Père Enfantin d'exposer ses idées : vous exposerez les vôtres au fur et à mesure que le Père Enfantin aura communiqué les siennes.

Duguet : Dugied, vous avez été un de ceux qui ont exercé le plus d'influence sur moi pour m'amener à la doctrine ; vous ne devez pas m'abandonner ; ce n'est pas à moi d'aller vous chercher ; c'est à vous de ne pas me quitter.

Je ne suis pas en position de répéter l'accusation de déloyauté qu'on a portée contre vous ; mais je dis qu'au moment où l'on dit qu'il peut s'ouvrir un abîme sous nos pas, il y a de la lâcheté à se retirer.

FOURNEL : Lorsque des hommes ont livré leur vie entière à l'humanité, nul, à aucun instant, n'a le droit de les traiter de lâches.

PÈRE LAMBERT : Je suis depuis long-temps dans une position particulière, j'ai besoin de l'expliquer en peu de mots ; je ne connais encore que d'une manière imparfaite les idées du Père Enfantin. C'est pourquoi il ne m'est pas possible de les juger. Je reste dans la doctrine, car je ne puis penser que nous soyons arrivés à l'état d'apostolat pour être isolés plus que jamais ; au contraire. Par goût, je n'ai jamais pu travailler à une œuvre quelconque sans être hiérarchisé, et je ne le pourrai jamais. Le Père Enfantin a promulgué la morale provisoire qui doit nous conduire jusqu'à la venue de la femme; s'il n'y satisfait pas lui-même, il abdique. Je reste dans la même position, par rapport aux théories du Père Enfantin, que Reynaud : j'attends que la femme vienne qui dira de ces théories ce qu'elle pense, ou, comme le dit Reynaud, qui écrasera la tête du Père Enfantin. Je reste et je demande aux membres qui se retirent et à ceux qui demeurent, la continuation de leurs relations fraternelles.

FOURNEL. Je ne conçois pas comment des liens si étroits pourraient être brisés.

Guéroult : Je pense que tous les membres du Collége ont agi avec loyauté, et je déclare que les membres du deuxième degré veulent prendre un parti ; laissons donc le Père Enfantin expliquer toute sa *théorie* avant de discuter.

PÈRE ENFANTIN : Guéroult, tu ne comprends pas le FAIT VIVANT qui se passe devant tes yeux, autrement tu sentirais combien est utile la discussion actuelle pour connaître les hommes qui sont tes pères. Tu es trop désireux de *théorie*, de *discussions*, d'*idées*, d'*explications ;* tu demandes de la *science*, quand tu as devant toi LA VIE ; dans ce qui se passe est l'enseignement véritable de la doctrine.

Baud : Je supplie, au nom de Dieu, les membres du collége dissidens de rester jusqu'à la fin.

FOURNEL : Je déclare que mon intention est de satisfaire le désir de Baud, j'assisterai à la discussion jusqu'à la fin.

CARNOT : Moi, je viendrai ; mais à la condition que l'on posera d'abord les questions générales, fondamentales, les questions d'*autorité* et de *liberté.*

PÈRE ENFANTIN : En venant ici, je dois faire l'enseignement comme je l'entends, à ma volonté ; on sera libre ensuite de me répondre.

DUGIED : Je ne peux admettre un tel état de discussion, il faut que l'on pose d'abord la question *générale*, la *loi vivante*, la question d'*autorité* et de *liberté.* Les questions relatives à l'homme et à la femme seront résolues quand les premières le seront ; je n'admets la discussion qu'à cette condition : d'abord, la question fondamentale.

CAZEAUX : Le père Bazard doit écrire ce qui a causé ses déterminations, et refuse de venir ici ; il croit que la forme qu'il veut prendre est la meilleure pour ramener l'unité ; je me retire. (*Cazeaux sort.*)

Père Laurent : Cazeaux me paraît être le seul des dissidens qui ait bien compris la position actuelle. Il faut que cet état anormal cesse. Les membres dissidens doivent se retirer s'ils ne reconnaissent pas le Père Enfantin comme chef, comme père. Je ne conçois pas un tel mode de discussion ; c'est un duel qui ne doit pas exister.

PÈRE ENFANTIN : Il y a dans ce qui se passe un enseignement pour l'avenir. Voyez quelle anarchie parmi les dissidens! Lambert proteste et reste néanmoins avec nous; Dugied et Carnot donnent une règle pour la discussion; Fournel consent à rester sans en donner aucune; Jules est de l'opinion de Laurent sur la discussion, et il n'a foi ni en moi ni en Bazard. Quoique ce qui se passe maintenant soit pour tous d'une grande utilité, je désire qu'on en finisse au plus tôt. Nous recommencerons encore lundi, mais si nous continuions à batailler ainsi, les ouvriers mourraient de faim, et les enfans que nous avons adoptés seraient délaissés. Le fait évident, c'est qu'il y a des hommes qui doivent se tenir momentanément à l'écart, et se reposer.

SÉANCE DU LUNDI 21 NOVEMBRE 1831.

PÈRE ENFANTIN :

Cazeaux, tu m'as prévenu que tu avais quelque chose à dire.

CAZEAUX : Je viens déclarer ici, au nom de tous ceux de mes frères qui accompagnent le Père Bazard, Dugied, Carnot, Fournel, Leroux, et de mes sœurs CLAIRE BAZARD et CÉCILE FOURNEL, qu'ils ne peuvent pas assister à cette séance, parce qu'ayant cessé d'être en communion avec le Père Enfantin, leur position ici n'est pas convenable pour exposer leur sentiment. Du reste, toute leur vie, tous leurs efforts seront consacrés à vous exposer ces sentimens, et vous les trouverez toujours prêts à vous répondre,

FOURNEL : Vous savez tous à quel titre j'assiste à cette réunion : dans la dernière séance plusieurs membres du second et du troisième degré se sont plaint de ce que nous les abandonnions. Ils ont pensé que l'exposition des idées nouvelles, qui doit leur être faite, pourrait bien être incomplète ou obscure ; ils ont considéré comme une garantie pour eux la présence de quelques-uns de ceux qui rejettent ces idées. C'est là la raison qui fait que je me trouve ici.

PÈRE LAURENT : D'après la déclaration faite par Cazeaux au nom de tous ceux qui suivent le Père Bazard, je ne conçois pas la présence de Fournel parmi nous, à l'état de protestation.

FOURNEL : Je suis prêt à me retirer.

PÈRE ENFANTIN : Sentez-vous votre position?

FOURNEL : Ce que je sens, c'est que j'ai besoin d'un entretien avec vous.

PERE ENFANTIN : Vous l'aurez.

Une voix : Nous réclamons la présence du P. Fournel parmi nous.

Plusieurs voix : Oui, oui. — Non, non.

PÈRE ENFANTIN : Reste, Fournel, reste.

SAINT-CHÉRON : Je désire me retirer de la hiérarchie actuelle et motiver ma retraite.

PÈRE ENFANTIN : Nous ne pouvons entendre les protestations de tout le monde. Nous avons écouté les protestations les plus capitales, celles qui justifient toutes les autres. Ce qu'il nous importe à présent, c'est de déterminer au plus vite ce qu'est la doctrine. Notre vie n'est pas une vie de discussion, de bataille entre nous : elle doit être nette, franche et active. Nous ne pouvons nous arrêter à des discussions interminables. Rappelez-vous que nous avons mis dix-huit mois, Bazard, Olinde et moi, à traiter ces questions ; si je pouvais avoir la pensée de recommencer à les élaborer moi-même, à les développer devant vous et avec vous, jusqu'à la satisfaction complète de chacun d'entre vous, je ne serais pas votre chef, je ne saurais pas ce que c'est que de conduire des hommes, je perdrais mon temps et je vous ferais perdre le vôtre, nous ne marcherions pas. Déjà j'ai réuni les différens degrés séparément, et nous avons répondu aux demandes de chacun. Vous avez pu, tous aussi, approcher et interroger les membres du Collége, qui, depuis six mois, sont au courant de toute la discussion. Il me reste à former autour de moi, le plus promptement possible, des enseigneurs qui puissent vous enseigner à vous-mêmes et au monde tout ce que je sens d'avenir pour l'humanité. C'est seulement ainsi que je serai votre chef, votre PÈRE.

Nous avons à constituer dans le sein de la doctrine une *nouvelle hiérarchie*, car le sommet de la hiérarchie est changé. Nous avons à annoncer au monde une *nouvelle politique;* le caractère de notre apostolat n'est plus le même. Nous avons enfin à faire un appel que jusqu'à présent nous avons laissé dans l'oubli, l'APPEL DE LA FEMME, et pour cela il nous faut dire des choses nouvelles aux hommes et aux femmes.

L'impatience que plusieurs d'entre vous ont manifestée, que vous éprouvez tous à titres divers, d'arriver à la connaissance entière de tout ce qui s'est passé entre nous, de tout ce qui nous a occupés depuis six mois, cette impatience est légitime. Et cependant les mêmes raisons qui nous ont fait garder dans le sein du Collége, et élaborer dans son sein, des questions que nous nous sommes réservé de vous exposer à une époque plus éloignée, ces mêmes raisons subsistent encore, avec cette différence que vous avez aujourd'hui tous les termes généraux sur lesquels l'élaboration chez vous, entre vous et avec nous, peut se faire. Vous êtes initiés à la direction nouvelle que va prendre la doctrine.

Vous êtes initiés à la volonté que nous avons de constituer par notre apostolat l'APPEL DE LA FEMME, et c'est là le point important qui doit maintenant nous réunir.

Mais pour confirmer encore davantage la nécessité de cette marche prudente que je viens de vous signaler, j'ai besoin de remettre devant vos yeux une chose fort oubliée depuis quelque temps.

Nous avons dit souvent que la doctrine Saint-Simonienne était la doctrine de CE QUI EST; que nous étions les hommes du PROGRÈS; que nous ne nous attachions que secondairement à CE QUI FUT et à CE QUI SERA, parce que nous voulons VIVRE, et que la vie c'est le PRESENT. Depuis quelques jours, par un effort d'esprit, beaucoup d'entre vous ont oublié la doctrine, beaucoup d'entre vous ont cru qu'il était possible d'hésiter, de rester dans le DOUTE entre deux chefs, peut-être même à l'égard de la doctrine tout entière. Or, ces positions diverses doivent cesser un jour, nous devons nous employer à les faire cesser. Mais ce qu'il y a de certain, c'est que nous ne pouvons considérer aucune des personnes qui se trouveraient dans un pareil état comme étant dans l'ordre apostolique Saint-Simonien.

Nous ne sommes pas des chefs de clan, des présidens de club; nous nous sommes nommés vos pères, nous vous avons donné une vie nouvelle; nous vous avons attachés à nous, parce que nous nous sommes attachés à vous. Mais celui qui DOUTERAIT de cet amour que nous avons pour lui serait dans une position fausse pour nous aider à faire tout ce que nous aurons à réaliser.

Il est bien, sans doute, que celui-là attende de nous les éclaircissemens qui peuvent lui faire espérer qu'un jour il se rapprochera de nous; et nous-même, il est de notre devoir de lui donner ces éclaircissemens qui pourront le ramener à nous.

Mais l'enseignement dont vous avez besoin ne peut se faire aujourd'hui que sous la forme d'une nouvelle hiérarchie; vous avez besoin d'être reclassés, réorganisés; vous avez besoin surtout que je fasse sentir au milieu de vous la réalisation de la parole d'appel que j'ai promise aux femmes. La réorganisation de notre hiérarchie exige donc toute mon attention.

Or voici ce que, dès aujourd'hui, j'ai à vous dire:

Je vous ai annoncé, la dernière fois, en posant les premiers termes de l'appel de la femme, que j'avais eu pour but de laisser entre ces termes et ceux de la loi chrétienne une marge assez vaste pour que la femme, se présentant à nous, pût nous parler librement et sans rougir de ses désirs pour l'avenir, de sa volonté, de sa foi; et je vous ai dit en même temps que, parlant ainsi au milieu de vous, je savais tout ce qu'il y avait d'obligation pour vous à présenter au monde le spectacle d'une conduite qui lui donnât un gage de notre MORALITÉ à tous, un gage éclatant de notre volonté de PERFECTIONNER tout ce qui est, et non de RETROGRADER vers ce qui fut.

Je vous ai dit que je regarderais comme la preuve de désaffection la plus grande qu'un de mes enfans pût me donner, comme une injure faite à mon caractère de Père, tout acte d'un Saint-Simonien qui serait de nature à être réprouvé par les mœurs et les idées morales du monde qui nous entoure.

J'ai ajouté, pour aller au devant de la susceptibilité ombrageuse qui ne permet pas encore à un Père, au chef de l'humanité nouvelle, de demander quelque chose pour LUI, sans qu'il explique en même temps que faire quelque chose pour lui, c'est faire quelque chose pour le monde; j'ai ajouté que c'était dans l'intérêt de la DOCTRINE aussi bien que pour MOI, que je repoussais comme immoral tout acte d'un Saint-Simonien qui serait de nature à blesser les habitudes morales du monde.

En m'exprimant ainsi, je vous ai préparés à nous voir apparaître bientôt sous une forme nouvelle; nous n'avons pas été JUGES encore au milieu de vous; nous n'avons pas dit qui était *mal*, qui était *bien*; nous n'avons pas condamné, approuvé. Nous entrons dans une voie où la JUSTICE sera MALE.

Nous avons autour de nous, en ce moment, des hommes qui ont vécu de notre vie, et qui pourtant vont se retirer ou se sont déjà momentanément retirés de nous. Nous avons parmi nous des hommes qui vivent de notre vie, et qui peut-être bientôt devront se retirer de nous; en d'autres termes, l'œuvre *théorique* que nous venons d'accomplir a eu besoin de certaines puissances, qui se trouvent à cette heure réduites à l'infirmité; l'œuvre *pratique* que nous allons commencer exigera une force MORALE, qui ne permettra pas à tous de nous suivre dans notre apostolat : œuvre sainte, qui nous placera devant le monde avec une FOI que tous ne peuvent point *porter*. Notre vie d'apôtre qui va nous faire recevoir de ce monde bien des injures, bien des calomnies; notre vie d'apôtre exige aussi une prudence que vous ne m'avez pas connue encore, et que vous trouverez en moi. J'ai dit, lorsque le changement de la hiérarchie s'est opéré, qu'à ces éperons avec lesquels j'avais poussé la doctrine, je saurais bien substituer une bride dans l'occasion. Le moment est venu. Il y a des hommes qui n'ont pas pu aller *assez vite*: ils sont restés. Il y aura des hommes qui voudront aller *trop vite*, ils resteront.

Je vous ai dit que je n'étais pas pour vous un président d'assemblée, ni même un tuteur, un enseignant; je ne suis pas même UN prêtre; je suis LE père de l'humanité! je sais ce qu'aujourd'hui nous avons à accomplir, car je vous ai amenés où vous êtes aujourd'hui, et je suis devant vous A LA PREMIÈRE PLACE. Nous nous sommes dits religieux jusqu'ici, et nous avons répété des leçons d'histoire, et nous avons parlé de Jésus, de saint Paul, des premiers Pères de l'Église chrétienne, en les saluant de notre admiration. Nous nous sommes mis quelquefois à leur propre place, et nous nous sentions grandir en retournant ainsi en arrière; et moi, je me sens grand en votre présence, et j'ai besoin de voir en vous quelque chose qui m'annonce que nous marchons ensemble. J'ai besoin de sentir que tout ce qui m'entoure a FOI en moi, je ne peux pas le sentir aujourd'hui! je vous vois trop mêlés, trop incertains, trop faibles, vous doutez trop encore, vous n'avez pas de foi, je ne suis pas votre père à tous. Cazeaux l'a senti, et il est venu me dire que ceux qui PROTESTAIENT se retiraient: eh bien! si quelqu'un PROTESTE ici contre l'autorité que j'assume en moi, qu'il se retire.

Plusieurs voix: Oui, mais nous voulons PROTESTER.

D'autres voix: Laissez-nous continuer, vous protesterez où vous voudrez.

Une voix: Il faut que l'on sache pourquoi nous PROTESTONS, et nous demandons à le dire.

Une voix: Il y aurait mauvaise intention de votre part si vous continuiez à troubler notre enseignement.

(*Plusieurs demandent, avec plus ou moins de vivacité, à protester; ils se récrient contre l'empêchement qu'on y met.*)

Charton: Nous ne pouvons nous retirer sans exposer les motifs de notre PROTESTATION.

PÈRE ENFANTIN: Tu remplirais en ce moment une mission fâcheuse, ce serait un appel au désordre. Si tu veux instruire chacun des motifs de ta retraite, convoque-les chez toi, fais comme ton Père Bazard, comme Cazeaux.

Guéroult: Je vous demande la permission de rester tant que je n'aurai pu expliquer mes motifs.

(*La séance est encore quelques instans troublée par les réclamations des protestans.*)

JULES LECHEVALLIER: Je n'ai qu'une chose à dire pour expliquer ma présence. Après que j'ai eu exposé ma véritable position au P. Enfantin, il m'a dit que je pouvais assister à cette séance. Après la déclaration que vous venez de faire, je sens que je dois me retirer; je sens que je porte en moi une espérance nouvelle que j'annoncerai à tous; je suis toujours fidèle à mon passé que j'ai accepté comme tradition, toujours fidèle à l'avenir que je me sens, j'ose le dire, la puissance de préparer.

PÈRE ENFANTIN: Jules, tu es en effet trop *logicien*, tu as été trop fort *raisonneur* jusqu'à présent pour ne pas *comprendre*, en ce lieu, ta position.

JULES LECHEVALLIER: Vous êtes à la tête d'une société à laquelle je n'appartiens plus par les mêmes liens qu'autrefois, cependant je vous écouterai le plus souvent que je pourrai.

Charton : Il y a ici des hommes que j'ai amenés à la doctrine; j'ai besoin de leur dire les motifs de ma conduite. Comment voulez-vous que je puisse jamais les leur faire connaître aussi bien que je le pourrais en ce moment?

PÈRE ENFANTIN : Nous vous donnerons la salle un jour si vous voulez, mais nous ne pouvons passer l'année entière dans des discussions semblables, nous ne marcherions pas.

PÈRE RODRIGUES : Le monde nous attend.

Guéroult : Notre personnalité se trouve assez engagée dans ce qui se passe ici, pour que notre demande ne vous doive pas paraître exagérée.

Charton : Nous devons à ceux à qui nous avons enseigné la doctrine de leur prouver que ce n'est pas acte de protestantisme, mais acte d'apostolat que nous faisons.

PÈRE LAURENT : Si vous avez enseigné quelques hommes, c'est nous qui vous avons enseignés vous-mêmes.

PÈRE ENFANTIN : Vous avez un lieu très-commode pour donner ces explications, c'est chez Bazard; réunissez-vous autour de lui.

Maurize : Je ne suis pas avec Bazard, je suis seul, je cherche ma doctrine.

PÈRE ENFANTIN : C'est de toutes les positions la plus pénible. Je demande à Charton, à Guéroult et aux autres de se grouper autour de Bazard, vous ne pouvez qu'y gagner et y faire gagner la doctrine.

(*Un protestant demande également à dire les motifs de sa protestation.*)

PÈRE RODRIGUES (*s'adressant à lui*) : Vous êtes chef d'arrondissement, tous les arrondissemens d'ouvriers vont être constitués, je vous y attends si vous êtes Saint-Simonien! (*Bravo! bravo!*)

PÈRE LAURENT : Il m'est arrivé un jour de douter; j'ai adressé alors aux deux chefs suprêmes de la doctrine mes réclamations, mais je me suis bien gardé de troubler pour cela le cours ordinaire des enseignemens et des prédications.

Guéroult et FOURNEL : La position était différente.

Charton : Je crois qu'il n'y a pas de doctrine ici, qu'il n'y a qu'une hérésie.

PÈRE BARRAULT : La doctrine est ici.

PÈRE RODRIGUES : Quand notre PÈRE SUPRÊME aura achevé ce qu'il a à vous dire, je me lèverai et je répondrai à ceux qui peuvent dire que la religion Saint-Simonienne est ailleurs que là où je suis.

Charton : Je désire au moins exprimer, en me séparant de vous, l'espérance que ce ne sera que pour un temps, car j'ai la conviction que nous serons bientôt réunis. (*Applaudissemens.*)

(*Après quelques paroles encore, les protestans se retirent.*)

PÈRE ENFANTIN : L'homme et la femme, voilà l'individu social ; mais la femme est encore esclave, nous devons l'affranchir. Avant de passer à l'état d'EGALITÉ avec l'homme, elle doit avoir sa *liberté.* Nous devons donc réaliser, pour les femmes Saint-Simoniennes, cet état de liberté, en détruisant la hiérarchie jusqu'ici constituée pour elles aussi bien que pour les hommes, et en les faisant rentrer toutes dans la loi de l'égalité entre elles. IL N'Y A PLUS DE FEMMES DANS LES DEGRÉS DE LA HIÉRARCHIE. Notre apostolat, qui est l'appel de la femme, est un apostolat d'hommes. L'homme aujourd'hui peut être classé, parce qu'il a depuis long-temps sa liberté complète à l'égard de la femme ; mais la femme ne pourra être classée que lorsqu'elle-même se sera révélée.

Voilà notre position nouvelle à l'égard des femmes, et il faut qu'elles sentent bien que ce passage d'une hiérarchie imparfaite et incomplète à l'état d'égalité, ne fait qu'établir leur utilité, leur importance dans l'œuvre de la doctrine, plus réellement que jamais elle n'a pu l'être. Cet état d'*égalité confuse* présentera de grands inconvéniens sans doute ; mais il aura un avantage immense sur la *hiérarchie fautive* que nous avons pu poser jusqu'à présent, puisque la femme ne s'étant pas encore révélée libre, tout classement de femme a été fait par la loi d'homme et mal fait.

Voilà le fait capital qui va constater le changement de la hiérarchie actuelle. Les femmes n'apparaîtront plus sur l'estrade, à la prédication. Les femmes ne feront plus, extérieurement à la doctrine, partie de la famille Saint-Simonienne; elles seront, extérieurement, toutes à l'état d'appel, comme toutes les femmes du monde qui nous entoure.

(*Montrant le fauteuil vide qui est à côté de lui.*)

Voici le symbole de cet appel; ce sera le seul qui manifestera l'appel de la femme aux yeux de tous. La femme manque à la doctrine, elle ne s'y est pas révélée, elle est encore à l'état d'esclavage, elle va entrer à l'état d'*égalité confuse;* elle doit en sortir, nous l'attendons; il faut qu'elle parle; elle parlera, puisqu'elle est appelée.

Quant à la hiérarchie des hommes, comme des fonctions nouvelles vont être conçues, comme d'anciennes fonctions vont être modifiées, comme l'œuvre que nous commençons est toute différente de celle qui vient de finir, nous aurons également à changer, dans le sein de la hiérarchie mâle, les grades et les fonctions, et voilà pourquoi je vous disais qu'en présence de cette élaboration intérieure, indispensable pour nous produire à l'extérieur avec toute la force que la foi peut nous donner à tous, j'avais besoin de suspendre, pour quelques jours, les enseignemens commencés ici, et de préparer, dans les personnes qui m'approchent le plus, la parole qui se répandra sur vous, dans des réunions par groupes moins nombreux, de manière à pouvoir vous donner un enseignement collectif et individuel plus suivi, plus détaillé que celui que moi-même je pourrais vous faire.

Vous sentez qu'en changeant ainsi les formes de l'enseignement, j'ai besoin plus que jamais d'être bien convaincu qu'à la parole que je viens de prononcer tout à l'heure vous avez vraiment répondu de cœur, et que vous avez foi dans la direction que j'imprime dès ce moment à la doctrine. Il faut que vous compreniez bien que, si je m'y prenais autrement pour vous faire parvenir la lumière que vous devez recevoir, je perdrais moi-même à vos yeux un des titres qui font que je suis votre chef, car ce serait sacrifier ma vie, quand j'ai plus et mieux à faire que de passer mon temps à vous *enseigner* moi-même. Je le répète, j'ai à élever, auprès de moi, des hommes qui vous enseignent tous, et qui vous donnent, à votre tour, puissance d'enseigner tout le monde.

Je vous ai dit que la hiérarchie allait être complétement modifiée, et déjà au sommet vous voyez une forme toute nouvelle. Une face de l'autorité reste dans l'ombre, une autre apparaît. Olinde Rodrigues votre père rentre activement dans la doctrine ; il prend en main les intérêts financiers, matériels, l'organisation de l'*association religieuse des travailleurs*. Rodrigues est prêt à nous faire tous marcher dans une voie que la doctrine ne connaît pas encore, dans une voie de crédit, de confiance, d'exactitude, d'économie, d'ordre, de prévoyance. Jusqu'ici nous avons été, dans tous nos actes, tellement pressés par le mouvement apostolique, et si peu préoccupés de préparer le terrain sur lequel nous marchions, que nous nous sommes souvent trouvés en présence du monde dans un embarras très-grand, et dans l'impossibilité de réaliser des promesses qui nous touchaient fortement au cœur. Nous ne pouvons dès aujourd'hui rien *promettre* que nous ne *tenions* ; la forme nouvelle qui se montre au sommet de la hiérarchie se réfléchira aussi et s'étendra sur toute la famille ; c'est sur les deux hommes qui sont devant vous que se réglera et se figurera, en quelque sorte, la forme générale de toute notre activité. Enfin, nous aurons à tâche spécialement de constituer tout ce qui concerne la *pratique*, le *culte*, l'*industrie*, et en même temps de préparer l'organisation MORALE NOUVELLE.

Père Rodrigues : Au nom du DIEU VIVANT qui m'a été révélé par Saint-Simon, votre maître à tous, le mien en particulier, mon premier acte de foi ici doit être de vous proclamer, vous, Enfantin, l'homme le plus MORAL de mon temps, le vrai SUCCESSEUR DE SAINT-SIMON, le CHEF SUPRÊME de la RELIGION SAINT-SIMONIENNE.

(*Bravos et applaudissemens prolongés.*)

Et moi maintenant j'arrive, quittant toutes mes affaires du vieux monde, quand j'ai eu conquis à ma foi, tout autant qu'il pouvait l'être, l'amour de mon père, et celui de ma mère, et celui de mes sœurs, et celui de celle qui est la moitié de ma vie, de ma femme qui m'a laissé quitter *la Bourse*, quand elle a vu que le temps était venu. Et maintenant après que j'ai proclamé la hiérarchie nouvelle, je fais appel à tous, pour RÉALISER l'association religieuse des TRAVAILLEURS. Saint-Simoniens, entendez-le bien, je viens pour installer la PUISSANCE MORALE DE L'ARGENT, je viens faire appel à tous ceux qui ont un cœur, à tous ceux qui ont une bourse, à tous ceux qui ont une intelligence Saint-Simonienne, et je leur dis : Apportez-moi les moyens de NOURRIR la famille Saint-Simonienne, dont la vie entière doit être comptée pour le bonheur du monde. Je recevrai tout, et je rendrai compte de tout, et je me placerai en face du monde, en face des banquiers, des hommes puissans par l'ARGENT ; en face de ceux qui veulent chanter le peuple, et qui ont puissance de faire donner de l'ARGENT pour le peuple, en face des femmes qui ont de l'ARGENT ou qui ont puissance de faire donner de l'ARGENT pour le peuple, et je leur dirai que, me soumettant à la loi de notre PÈRE SUPRÊME, je suis ici, moi, le PÈRE *de l'industrie*, le CHEF DU CULTE SAINT-SIMONIEN. M'avez-vous entendu?

(*Acclamations.*) Oui ! oui !

PÈRE RODRIGUES : Me suivrez-vous?

Tous. Oui! oui!

NOTE (1)

SUR

LE MARIAGE ET LE DIVORCE,

LUE AU COLLÈGE LE 17 OCTOBRE 1831,

PAR LE PÈRE RODRIGUES.

—

LE MARIAGE.

Toute œuvre *sociale*, dans l'avenir, est l'œuvre d'un COUPLE, homme et femme, complément l'un de l'autre, recherché, accepté *librement*, dont l'*union* préparée par l'éducation, a reçu la sanctification de l'autorité religieuse, *homme* et *femme*.

(1) Notre PÈRE SUPRÊME, en posant les bases des relations de l'homme et de la femme dans l'avenir, a déclaré que la loi de *convenance*, de *tact* et de *pudeur* ne serait formulée que par l'homme et la femme, qui détermineraient ensemble les limites *légitimes* de ces relations; le P. Olinde a exprimé dans le collége son sentiment personnel sur la morale de l'avenir. Cette note est placée ici, d'une part, afin de constater l'impuissance où sont tous les hommes pour régler définitivement les rapports de l'homme et de la femme, puisqu'elle diffère, dans ses *formes* et dans les *limites* qu'elle pose, des idées de notre P. SUPRÊME; de l'autre, pour présenter à tous, par ce désaccord même entre notre P. SUPRÊME et le *P. Rodrigues*, la garantie que nulle *idée* nouvelle sur les relations de l'homme et de la femme ne donnerait lieu à une *pratique* légitime, tant que la femme n'aura pas parlé.

L'homme et la femme *seront mariés*, alors qu'ils seront tous deux arrivés à aimer, désirer l'un par l'autre, l'un et l'autre, l'accomplissement d'un œuvre commune, manifestation d'une commune destinée. A cette condition, l'union sera sanctifiée, elle aura toute sa force, toute son *abnégation*, tout son *égoïsme*. Elle sera RELIGIEUSE.

Je crois fermement que *tous* doivent, au moment où ils vont compléter leur vie par le mariage, après y avoir été amenés par le développement du système d'éducation, espérer, désirer, que ce mariage ne soit pas dissout, dans quelque catégorie qu'ils puissent être rangés à cet égard.

Nul ne sera en état normal pour être marié, qui désirerait ou accepterait le mariage, en voyant devant lui le divorce.

Mais, d'un autre côté, j'admets fermement qu'il existe, suivant la qualification des individus, des différences plus ou moins grandes, dans la *probabilité* d'une durée quelconque pour le maintien de l'état normal de mariage.

Et j'entends que le mariage est à l'état normal stable, tant que les deux époux, à travers toutes les petites variations d'humeur, de goût et de puissance, inévitables dans l'union la mieux assortie, sont ramenés sans cesse à aimer, à concevoir, à pratiquer *ensemble*, l'œuvre sociale qu'ils ont reçu mission d'accomplir, à se *sentir* complément l'un de l'autre.

LE DIVORCE.

Mais du jour ou l'autorité religieuse, homme et femme, renonce, après maintes épreuves, à considérer comme possible le maintien de l'état normal de mariage entre les deux époux ; du jour où les chances d'un pénible déchirement deviennent prédominantes, il y a lieu, dans l'intérêt personnel des deux époux, aussi bien que dans l'intérêt social, à préparer, à prononcer le *divorce*, c'est-à-dire le passage *d'un lien* à un *autre lien*.

Je crois donc fermement qu'un individu ne peut être à *la*

fois l'époux que d'une seule femme, et qu'il ne peut donc l'être de plusieurs que *successivement*.

QUELQUES CONSÉQUENCES DU DIVORCE.

Les causes du divorce peuvent être telles, suivant les individus que pour les uns il soit une peuve d'élévation, et pour d'autres le signe d'un abaissement. Danscertains cas sociaux, selon certaines fonctions, et indubitablement pour la fonction suprême, il équivaut à une *abdication*, car le divorce, pour les deux chefs suprêmes, homme et femme, ne pourrait être un moyen d'*élévation* pour aucun d'eux, et ne saurait recevoir sa sanction que d'un autre couple à eux supérieur, qui deviendrait, par le fait, investi du suprême pouvoir.

CONSIDÉRATIONS SUR LA FAMILLE.

Le mariage n'est pas seulement l'association la plus complète d'un homme et d'une femme, ayant pour objet l'accomplissement d'une œuvre sacerdotale, scientifique ou industrielle :

Le mariage est encore le *lien sacré* des générations, et ici de nouvelles considérations se présentent.

Saint-Simon a promulgué le règne de Dieu sur la terre. L'homme, par lui, est désormais appelé à *connaître* et à *pratiquer* selon son AMOUR.

L'AMOUR doit unir le *vrai* et l'*utile*, l'*idéal* et le *réel*; il n'y a plus, il ne doit plus y avoir de fictions constitutionnelles ni dans l'*état* ni dans la *famille*.

L'homme, à sa naissance, veut être entouré de ceux dont il est réellement le plus *aimé*, pour *apprendre*, par leur exemple, *pratiquer* la vie.

La *mère* veut toujours offrir aux caresses du *père* l'enfant que Dieu fit naître d'eux, pour que par *eux commençât* la famille, famille toujours *progressive* qui entoure sans cesse l'enfant grandissant du *patronage* le plus *intelligent* et le plus *actif*, pour développer ses facultés.

La procréation doit donc être le fruit du plus grand amour; de l'amour le plus complet, de l'amour qui fait le mariage de deux êtres, *égaux* sans être *identiques*, égaux parce qu'ils sont complémens l'un pour l'autre.

MORALITÉ DES RELATIONS SAINT-SIMONIENNES.

Ainsi donc, dans l'avenir, l'autorité religieuse, le prêtre et la prêtresse, mariés eux-mêmes, président aux mariages et aux divorces, veillent au maintien des *unions normales*, et sanctifient le divorce quand les circonstances énoncées ci-dessus viennent le réclamer. Par leur intervention religieuse, la loyauté règne dans toutes les affections; la fausseté, la dissimulation, comme la violence et la ruse disparaissent dans la *famille* comme dans la *cité*, et avec elles l'*adultère*, c'est-à-dire le divorce caché, outrageant, irréligieux, protestation violente du passé, contre une loi incomplète du mariage; et la *séduction*, c'est-à-dire jusqu'à la tentative d'adultère à l'égard d'une des deux parties d'un couple, ou la tentative, auprès d'un être faible et sans défense, d'obtenir l'amour sans le donner soi-même.

Enfin, grâce à ces mariages vraiment saints, la famille ne commence plus, avec certitude, *seulement* à la *mère*, qu'une loi barbare et immorale ne pouvait récuser. Elle commence à la mère *et au père*, et la législation voit disparaître cet axiome romain, honteux témoignage de l'impuissance de la loi morale, *Pater is est quem nuptiæ demonstrant* : parce que les mariages, par l'éducation et par le divorce, peuvent désormais placer constamment l'homme et la femme dans la situation de sympathie réciproque la plus favorable à leur mutuel développement, à l'accomplissement de tous leurs devoirs sociaux.

DES RELATIONS DU PRÊTRE ET DE LA PRÊTRESSE AVEC LES INDIVIDUS MARIÉS OU NON MARIÉS.

Relations générales des hommes et des femmes.

L'épouse est la femme que l'époux aime le plus complétement, le plus *intimement*. C'est la moitié de sa vie.

L'époux est l'homme que l'épouse aime le plus complétement, le plus *intimement*. C'est la moitié de sa vie.

Mais la vie est à la fois individuelle et sociale, c'est-à-dire que l'époux ressent aussi de l'affection pour d'autres femmes que la sienne, l'épouse de l'affection pour d'autres hommes que celui qui est son époux. Un intervalle relativement immense sépare toutefois l'affection mutuelle des époux de celle qu'ils peuvent éprouver, à titre de supériorité, d'égalité ou d'infériorité, pour celui-là même ou celle-là qu'après son époux la femme aime le *plus*, qu'après son épouse l'homme aime le *plus*; parce qu'avec l'épouse *seule* l'époux est vraiment *lié*, parce qu'avec l'épouse *seule* l'époux forme une *unité* dans la famille universelle, parce qu'avec l'épouse *seule* l'époux constitue un des *liens* qui unissent les générations humaines.

L'expression *spirituelle* et *charnelle* de l'affection qui unit l'époux à toutes les femmes autres que la sienne, l'épouse à tout autre que son époux, doit donc avoir une manifestation et des *limites* d'une nature différente de celles qui caractérisent l'union la plus *intime* de deux êtres, l'union conjugale, et différentes aussi selon l'état des individus par rapport au mariage.

Quelles seront ces manifestations, ces limites?

Au premier couple, placé au sommet de la hiérarchie St-Simonienne, il sera donné de jeter une vive lumière sur ces problèmes de la vie intime que la préoccupation d'une éducation critique ou chrétienne empêche des hommes et des femmes, aujourd'hui placés à des points de vue insuffisans, d'envisager avec le *calme* indispensable. La première *femme* qui s'assoiera au trône pontifical pourra seule révéler et proposer à l'élaboration méditative de l'homme la loi des *convenances* au-delà desquelles commencerait l'*immoralité*.

J'affirme toutefois, en vertu des principes ci-dessus posés, que cette loi devra satisfaire aux conditions suivantes :

A l'époux et à l'épouse appartient *exclusivement* ce saint état, l'*intimité* du cœur, de l'esprit et des sens, sphère mystérieuse, impénétrable, ou deux *spontanéités* se confondent, où la *vie* peut produire la *vie*.

L'œil et l'esprit de *tous* devront reconnaître à toutes les relations des deux époux avec les autres membres de la famille que cette *intimité* qui fait leur joie et leur vertu sociale est *intacte*.

Mais à l'égard de ces époux prêts à divorcer, dont l'harmonie n'existe plus, l'action du prêtre et de la prêtresse a pour objet spécial de rendre le plus douce possible la transition d'un nœud détruit à un autre plus moral, plus convenable à chacun des deux époux. Et là où il n'existe pas de lien à briser, on peut concevoir, de la part du supérieur, une influence assez grande pour diriger les divorcés par l'attrait de l'esprit ou des sens vers les nouveaux liens qu'ils cherchent à contracter.

La limite qui se présente est que le supérieur et l'inférieur ne soient jamais placés dans les circonstances morales où ils puissent oublier que *l'intimité* du mariage est l'attribut exclusif de l'*égalité*. Un tel oubli annulerait la hiérarchie et briserait l'égalité même du prêtre et de la prêtresse, chargés de la direction des fidèles.

Des considérations du même genre s'offrent à l'esprit pour tous les individus qui souffrent en cherchant l'être qui doit compléter leur vie.

Mais, je le répète, en-deçà de ces limites, j'attends avec confiance la révélation de la première femme qui sera à la tête de la doctrine ; c'est à la femme *affranchie*, LIBRE ET PRÊTE POUR L'AVENIR, qu'il appartient de révéler la loi des convenances, LE CODE DE LA PUDEUR.

ENSEIGNEMENS

FAITS

PAR LE PÈRE SUPRÊME.

PREMIER ENSEIGNEMENT.

(28 NOVEMBRE 1831.)

TRANSFORMATIONS DU DOGME. — RÉHABILITATION DE LA CHAIR.

ENFANS,

Je vous ai déjà dit que nous allions entrer dans une phase nouvelle, et vous avez dû voir, par les réunions de la famille et par la séance publique d'hier (1), que le caractère général de la Doctrine était complétement changé, que le *dogme* serait momentanément éclipsé, que notre *culte* et notre MORALE seraient au contraire développés ; mais je n'ai pas pour cela voulu dire qu'il ne fût pas nécessaire de faire aujourd'hui un retour sur notre *science;* car nous ne pourrions pas marcher avec succès dans la carrière nouvelle qui nous est ouverte, si nous ne nous faisions pas une idée exacte des divers développemens qui

(1) Voir *le Globe* du 28 novembre.

ont été donnés depuis plusieurs années au *dogme trinaire* posé par SAINT-SIMON lui-même.

Lorsque vous vous livrerez à cette étude, vous remarquerez qu'on retrouve dans tous les travaux de notre maître un jeu continuel des *trois* faces de la vie : d'abord dans les travaux *métaphysiques*, *philosophiques* et *scientifiques* auxquels il s'est livré pendant la première partie de sa vie ; ensuite dans les travaux *politiques*, *économiques* et *industriels* qui les ont suivis, et enfin dans le NOUVEAU CHRISTIANISME, forme définitive, RELIGIEUSE et MORALE, qui est la dernière sous laquelle il a présenté ses idées, et qui nous a donné à tous la vie nouvelle.

Vous reconnaîtrez aussi que nous avons présenté l'idée de la *trinité* dans le PRODUCTEUR sous ces noms : ARTISTES, *savans* et *industriels* ; que, plus tard, Eugène et moi, nous l'avons formulée d'une manière beaucoup plus nette, lui particulièrement dans les Lettres à Bürns, si bien qu'on peut dire que le dogme trinaire, politique et théologique, était déjà posé, lorsque furent faits les enseignemens de Bazard, renfermés dans le second volume de l'Exposition.

Vous aurez maintenant à voir comment toutes ces transformations que notre dogme a subies, sont enchaînées d'une manière logique et indestructible. Ce travail sera fait avec ensemble par quelques personnes sous la direction de LAMBERT : mais vous avez besoin de vous en occuper tous en particulier, si vous voulez comprendre l'enseignement que je commence aujourd'hui, et sentir les explications que je vais vous donner sur les passages des livres de la doctrine dans lesquels le *dogme* a été successivement formulé.

Or, de tous ces livres, les deux plus importans sont le *Nouveau Christianisme*, qui renferme le résumé des idées de SAINT-SIMON sur cette matière, et le second volume de l'*Exposition*, rédigé par BAZARD. C'est pourquoi je vais aujourd'hui vous parler seulement de ces deux livres.

Dans tout ce que je vous dirai, je supposerai que vous êtes tous bien fixés sur le *dogme* auquel l'humanité s'arrête aujourd'hui définitivement, sur celui qui lui explique l'UNION des *deux principes* jusqu'ici en LUTTE dans le monde : l'*esprit* et la *matière*. J'insisterai surtout sur les phrases qui, dans les deux ouvrages dont je viens de vous parler, constatent qu'aujourd'hui ce que nous, *apôtres*, avons surtout à faire SENTIR, *connaître* et *pratiquer* au monde, c'est la RÉHABILITATION DE LA CHAIR, l'organisation et l'affranchissement de l'*industrie*, et la constitution d'un *culte* puissant ; plus tard, nous parlerons spécialement de ce qui concerne la *femme*.

Lorsque Eugène et moi nous jetâmes les premières bases du dogme trinaire, sous sa forme théologique, nous n'avions pas compris encore combien ce dogme avait été profondément SENTI par SAINT-SIMON dans le NOUVEAU CHRISTIANISME. Votre père RODRIGUES était le seul qui nous répétât sans cesse que ce livre renfermait l'enseignement le plus élevé qu'il fût donné à l'homme de recevoir. Et nous, conduits par nos travaux à faire des recherches sur la constitution scientifique du dogme trinaire chrétien, sur celle des dogmes anciens, nous justifiâmes bientôt à nos propres yeux ce problème de la trinité, comme étant le plus élevé que l'homme puisse se poser. L'un de nous laissa échapper cette phrase, qui fut depuis répétée dans les Lettres d'Eugène : *Qui ne comprend pas la Trinité ne comprend pas Dieu.* Ce mot fut une vraie révélation pour la doctrine. Tous ceux qui l'entendirent, et en particulier votre père RESSÉGUIER, eurent peine à en comprendre la portée. C'est alors seulement qu'en relisant le NOUVEAU CHRISTIANISME, nous reconnûmes que l'idée de la Trinité y était reproduite à toutes les pages, sous une foule de formes différentes, telles que celles-ci :

MORALE, *Dogme*, *Culte*.

BEAUX-ARTS, *Science*, *Industrie*.

Nous nous étonnions d'avoir passé si long-temps devant ce problème éternel de l'humanité, sans nous être aperçus qu'il devait être résolu par nous : en même temps toutes les phrases, toutes les indications qui ne nous avaient pas frappés à l'époque du *Producteur*, nous affermissaient, Eugène et moi, dans la croyance que notre formule du dogme panthéistique trinaire était la vraie formule Saint-Simonienne. Voici quelques-unes de ces phrases .

« Le NOUVEAU CHRISTIANISME (1), de même que les associa- » tions hérétiques, aura sa MORALE, son *culte* et son *dogme*. » Il aura son clergé, et son clergé aura ses chefs. Mais, » malgré cette similitude d'organisation, le nouveau chris- » tianisme se trouvera purgé de toutes les hérésies actuelles ; » la doctrine de la MORALE sera considérée par les nouveaux » chrétiens comme la plus importante; le *culte* et le *dogme* » ne seront envisagés par eux que comme des accessoires » ayant pour objet principal de fixer sur la MORALE l'attention » des fidèles de toutes les classes. »

Dans les passages suivans vous trouverez indiquée l'idée de la RÉHABILITATION DE LA CHAIR, dont je vous parlais tout à l'heure :

« Le véritable christianisme (2) doit rendre les hommes » heureux, non-seulement dans le ciel, mais sur la TERRE.

» Ce n'est plus sur des idées abstraites que vous devez fixer » l'attention des fidèles; c'est en employant convenablement » les idées SENSUELLES, c'est en les combinant de manière à » procurer à l'espèce humaine le plus haut degré de félicité » qu'elle puisse atteindre pendant sa vie TERRESTRE, que vous » parviendrez à constituer le christianisme, religion générale, » universelle et unique. »

Plus loin on trouve le passage suivant :

« Il est une autre unité (3) bien plus importante à établir ; je » veux parler de l'unité de BUT pour les travaux des chrétiens, » pour ceux de toute l'espèce humaine. C'est un BUT bien » clair, bien général, bien positif, bien PHYSIQUE que vous

---

(1) Page 19. (Nouvelle édition du *Nouveau Christianisme*.)

(2) Page 54, *id.*

(3) Page 59, *id.*

» devez présenter aux hommes, pour rendre le christianisme » prépondérant sur le MAHOMÉTISME, sur la religion de FOÉ, » sur celle de BRAMA, sur toutes les religions enfin, ainsi que » sur toutes les institutions TEMPORELLES. Le BUT général que » vous devez présenter aux hommes dans leurs TRAVAUX, c'est » l'amélioration de l'existence morale et PHYSIQUE de la classe » la plus nombreuse, et vous devez produire une combinai- » son d'organisation sociale propre à favoriser davantage cet » ordre de TRAVAUX, et à assurer sa prépondérance sur tous » les autres, de quelque importance qu'il puissent paraître. » Pour améliorer le plus rapidement possible l'existence de » la classe la plus PAUVRE, la circonstance la plus favorable » serait celle où il se trouverait une grande quantité de TRA- » VAUX A EXÉCUTER, et où ces travaux exigeraient le plus grand » développement de l'intelligence humaine. Vous pouvez » créer cette circonstance : maintenant que la dimension de » notre planète est connue, faites faire par les *savans*, par » les ARTISTES et les *industriels*, un plan général de TRAVAUX à » exécuter pour rendre la possession TERRITORIALE de l'espèce » humaine la plus PRODUCTIVE possible, et la plus AGRÉABLE » à habiter sous tous les rapports.

» La masse immense de TRAVAUX que vous déterminerez sur- » le-champ contribuera plus efficacement à l'amélioration » du sort de la classe PAUVRE que ne pourraient le faire les » aumônes les plus abondantes ; et par ce moyen les RICHES, » LOIN DE S'APPAUVRIR PAR DES SACRIFICES PÉCUNIAIRES, » S'ENRICHIRONT EN MÊME TEMPS QUE LES PAUVRES.

» Jusqu'à présent le clergé n'a donné aux fidèles, pour » l'emploi de leur vie, qu'un but MÉTAPHYSIQUE, le paradis » céleste ; il en est résulté que les ecclésiastiques se sont » trouvés investis de pouvoirs tout-à-fait ARBITRAIRES, et dont » ils ont abusé de la manière la plus EXTRAVAGANTE et la plus » ABSURDE : ainsi les uns ont persuadé à leurs cliens que pour » obtenir le paradis ils devaient se DÉCHIRER LE CORPS à coups » de discipline; les autres que c'était en portant un CILICE qu'ils

» devaient se MARTYRISER; d'autres, qu'il fallait se PRIVER de
» NOURRITURE; d'autres, que c'était du POISSON qu'il fallait
» MANGER, et qu'on devait s'ABSTENIR de VIANDES; et d'autres,
» qu'il fallait lire tous les jours une effroyable quantité de
» prières, presque toutes insignifiantes, et écrites dans une
» langue ignorée de la très-grande majorité des fidèles; d'au-
» tres, qu'il fallait passer une grande partie de la journée à
» genoux dans les églises, toutes choses qui ne pouvaient
» nullement contribuer à l'amélioration du sort de la classe
» PAUVRE.

» Cette conduite du clergé a pu et a dû avoir lieu à l'épo-
» que de l'enfance de la religion; mais aujourd'hui que nos
» idées à cet égard se sont éclaircies et précisées, la prolon-
» gation de pareilles mystifications serait déshonorante pour
» la cour de Rome. Certainement tous les chrétiens aspirent
» à la vie éternelle; mais le seul moyen de l'obtenir consiste
» à travailler DANS CETTE VIE à l'accroissement du BIEN-ÊTRE
» de l'espèce humaine.

» L'espèce humaine éprouve dans ce moment une grande
» crise intellectuelle; TROIS nouvelles capacités se montrent,
» les BEAUX-ARTS reparaissent, les *sciences* viennent se super-
» poser à toutes les autres branches de nos connaissances, et
» les grandes combinaisons *industrielles* tendent plus direc-
» tement à l'amélioration du sort de la classe PAUVRE, qu'au-
» cune des mesures prises jusqu'à ce jour par le pouvoir tem-
» porel ainsi que par le pouvoir spirituel.

» Ces TROIS capacités sont de l'ordre pacifique; il
» est par conséquent de votre intérêt, de l'intérêt du clergé
» de se combiner avec elles. Au moyen de cette combinaison,
» vous pouvez en peu de temps, et sans éprouver de grands
» obstacles, organiser l'espèce humaine de la manière la plus
» favorable à l'amélioration de l'existence morale et physique
» de la classe la plus nombreuse. Par ce moyen le pouvoir de
» César, qui est impie dans son origine et dans ses préten-
» tions, se trouvera complétement anéanti. »

Voici encore une des formes sous lesquelles, dans le NOUVEAU CHRISTIANISME, se trouve clairement indiqué le principe d'ASSOCIATION, d'UNION, d'HARMONIE, de RELIGION qui doit RÉUNIR les deux aspects selon lesquels l'humanité s'est jusqu'à présent développée, gouvernée et par conséquent battue, car la vie humaine a été considérée jusqu'ici, par les chefs des peuples, surtout comme un tems de guerre :

« Depuis l'établissement du christianisme (1) jusqu'au quin- » zième siècle. l'espèce humaine s'est principalement occupée » de la *coordination de ses sentimens* GÉNÉRAUX, de l'établisse- » ment d'un *principe* UNIVERSEL *et* UNIQUE, et de la fondation » d'une *institution* GÉNÉRALE ayant pour but de superposer l'*aris-* » *tocratie des talens* à l'*aristocratie de la naissance*, et de soumet- » tre ainsi tous les *intérêts* PARTICULIERS à *l'intérêt* GÉNÉRAL. » Pendant toute cette période, les observations directes sur les » *intérêts* PRIVÉS, sur les *faits* PARTICULIERS et sur *les principes* » SECONDAIRES ont été négligées, elles ont été décriées dans la » masse des esprits, et il s'est formé une opinion prépondérante » sur ce point, que les principes SECONDAIRES devaient être » déduits des *faits* GÉNÉRAUX et d'un *principe* UNIVERSEL; opi- » nion d'une vérité purement spéculative, attendu que l'intelli- » gence humaine n'a point les moyens d'établir des GÉNÉRALITÉS » assez précises pour qu'il soit possible d'en tirer, comme con- » séquences directes, toutes les SPÉCIALITÉS....

» Depuis la dissolution du pouvoir spirituel européen, résultat » de l'insurrection de Luther, depuis le quinzième siècle, l'es- » prit humain s'est détaché des *vues les plus* GÉNÉRALES; il s'est » livré aux SPÉCIALITÉS; il s'est occupé de l'*analyse des faits* » PARTICULIERS, des *intérêts* PRIVÉS des différentes classes de la » société; il a travaillé à poser les *principes* SECONDAIRES qui » pouvaient servir de bases aux différentes branches de ses con- » naissances; et, pendant cette seconde période, l'opinion s'est » établie que les considérations sur *les faits* GÉNÉRAUX, sur

(1) Page 93. (*Nouv. chr.*)

» *les principes* GÉNÉRAUX et sur *les intérêts* GÉNÉRAUX de » l'espèce humaine, n'étaient que des considérations vagues » et métaphysiques, ne pouvant contribuer efficacement aux » progrès des lumières et au perfectionnement de la civilisation.

» Ainsi l'esprit humain a suivi, depuis le quinzième » siècle, une marche opposée à celle qu'il avait suivie » jusqu'à cette époque: et certes les progrès importans et po- » sitifs qui en sont résultés dans toutes les directions de nos » connaissances prouvent irrévocablement combien nos aïeux » du moyen âge s'étaient trompés en estimant d'*une utilité* » *médiocre* l'étude des *faits* PARTICULIERS, *des principes* SECON- » DAIRES, *et l'analyse des intérêts* PRIVÉS.

» Mais il est également vrai qu'un très-grand mal est » résulté pour la société de l'état d'abandon dans lequel » on a laissé, depuis le quinzième siècle, les travaux re- » latifs à l'étude *des faits* GÉNÉRAUX, *des principes* GÉNÉ- » RAUX *et des intérêts* GÉNÉRAUX. Cet abandon a donné nais- » sance au *sentiment d'*EGOISME, qui est devenu dominant » chez toutes les classes et dans tous les individus. Ce senti- » ment, devenu dominant dans toutes les classes et dans tous » les individus, a facilité à CÉSAR les moyens de recouvrer une » grande partie de la force politique qu'il avait perdue avant le » quinzième siècle. C'est à cet ÉGOISME qu'il faut attribuer la » maladie politique de notre époque, maladie qui met en souf- » france tous les travailleurs utiles à la société; maladie qui » fait absorber par les rois une très-grande partie du salaire » des pauvres pour leur dépense personnelle, pour celle de leurs » courtisans et de leurs soldats; maladie qui occasionne un pré- » lèvement énorme de la part de la royauté et de l'aristocratie » de la naissance sur la considération qui est due aux *savans*, » aux ARTISTES et aux chefs des travaux *industriels*, pour les » services d'une utilité directe et positive qu'ils rendent au » corps social.

» Il est donc bien désirable que les travaux qui ont pour objet » le perfectionnement de nos connaissances relatives *aux faits* » GÉNÉRAUX, *aux principes* GÉNÉRAUX et *aux intérêts* GÉNÉ-

» RAUX soient promptement mis en activité et soient désor-
» mais protégés par la société, *à l'égal* de ceux qui ont pour
» objet l'étude *des faits* PARTICULIERS, *des principes* SECON-
» DAIRES et *des intérêts* PRIVÉS. . . . .

« Je prouverai encore (1) que l'adoption du NOUVEAU CHRIS-
» TIANISME accélérera les progrès de la civilisation infiniment
» plus qu'ils ne pourraient l'être par toute autre mesure géné-
» rale, en faisant marcher de front les travaux relatifs aux
» *généralités* des connaissances humaines, et ceux qui ont
» pour objet le perfectionnement des *spécialités*. »

Le Nouveau Christianisme se termine par ce passage :

« Enfin dans un troisième dialogue (2), je traiterai directe-
» ment du nouveau christianisme ou du christianisme définitif.
» J'exposerai sa MORALE, son *culte* et son *dogme* ; je propo-
» serai une profession de foi pour les nouveaux chrétiens. »

Ces citations vous indiquent le genre de recherches que vous avez à faire sur les travaux de la doctrine. Ces recherches je vous les demande, comme étant l'accomplissement d'un devoir religieux. Vous ne serez sûrs de l'*enseignement* de votre foi qu'à la condition d'avoir fait de pareils travaux.

A ce sujet je vous ferai remarquer que vous avez jusqu'à présent si peu l'habitude du maniement de la *Trinité*, que vous ne savez pas en faire usage, sans vous priver de toute puissance POÉTIQUE, sans quitter le caractère d'ARTISTE pour revêtir celui de *savant* : et cependant je vous prédis qu'avant peu il ne sortira pas un écrit, une page, une phrase d'une plume Saint-Simonienne, qui ne soit empreint de notre dogme, qui ne reporte la pensée sur les TROIS faces de la VIE, c'est-à-dire sur cette admirable trinité, DIEU, *l'homme* et *le monde*, L'INFINI, *le moi* et *le non-moi*. Alors, seulement, il ne sera pas plus difficile de distinguer un ouvrage SAINT-SIMONIEN d'un ouvrage CHRETIEN, qu'il ne l'est de distinguer un livre CHRETIEN d'un livre PAYEN : au lieu qu'aujourd'hui on nous dit souvent, et avec raison : *votre style est empreint de christianisme.*

(1) Page 98.
(2) Page 97.

Je vous le répète : voulez-vous faire cesser ce reproche? Étudiez notre *dogme*, notre *trinité*, reproduisez-les dans tous vos travaux.

Je vous parlerai dans notre prochain enseignement des Lettres d'Eugène à Bürus, c'est pourquoi je vous engage à les relire attentivement avant cette époque. Aujourd'hui je vais prendre dans le deuxième volume de l'*Exposition* la sixième leçon, qui a pour but la RÉHABILITATION DE LA CHAIR. Elle est ainsi conçue :

« Au commencement de cette Exposition (1), nous avons dit » que l'humanité s'acheminait vers un état de choses où la dis- » tinction établie aujourd'hui entre l'ordre *religieux* et l'ordre » *politique* disparaîtrait, et où tous les hommes, ne formant » plus qu'*une seule* société, ne reconnaîtraient plus qu'*un* » *seul* pouvoir. Pour justifier cette prévision, qui se rattache » à une conception religieuse nouvelle, nous avons dû reve- » nir sur le passé, et particulièrement sur la dernière époque » organique, qui, naturellement aujourd'hui, doit le plus » préoccuper les esprits qui cherchent à établir un lien entre » le passé et l'avenir. En vous rappelant sommairement les » faits qui se rapportent à la lutte que l'on voit régner pendant » tout le cours de cette époque entre la société religieuse et la » société politique, et qui viennent aboutir, dans le moyen » âge, à la division du pouvoir en spirituel et temporel, notre » but a été de vous montrer les véritables causes de cette di- » vision, son utilité, et son caractère nécessairement provi- » soire, ou plutôt transitoire.

» De tout ce que nous avons dit dans ce but, une impres- » sion, sans doute, vous sera restée ; c'est la prédilection que » nous avons témoignée pour l'institution catholique, ce sont » les efforts que nous avons faits pour justifier ce qui, dans » cette institution, a été si généralement condamné dans le » cours des trois derniers siècles. Deux considérations prin- » cipales devaient naturellement nous placer à ce point de

(1) *Exposition de la Doctrine de Saint-Simon*. 2e année, p. 80.

» vue : l'une, qui était de vous mettre sur la voie de com» prendre le progrès nouveau auquel l'humanité est appelée, » et qui se rattache principalement à celui que le catholicisme » lui a fait faire ; l'autre, de justifier l'idée fondamentale de la » doctrine de Saint-Simon, en mettant en évidence, dans le » développement du christianisme, la loi providentielle du » progrès donné à l'humanité, loi qui se trouverait nécessai» rement infirmée si l'on ne pouvait faire sentir ou démontrer » qu'une doctrine, qui pendant quinze siècles a régné sur les » esprits, a été progressive aussi bien que l'institution qui l'a » réalisée.

» En nous efforçant ainsi, et par ces motifs, de réhabiliter » le catholicisme, quant à l'influence qu'il a exercée sur les » sociétés pendant tout le temps de sa plénitude et de sa vi» gueur, nous n'avons pas prétendu ramener à cette doctrine » les intelligences et les cœurs qui s'en sont éloignés. Le ca» tholicisme, c'est-à-dire en définitive le christianisme par» venu au plus haut degré de développement et de perfection » auquel il pouvait atteindre, a pour jamais accompli sa desti» nation. Rendons un dernier hommage à ce grand système : » c'est lui qui a brisé les chaînes de l'esclave ; c'est lui qui a » tiré la femme de l'état d'abaissement auquel le règne exclu» sif de la *force* l'avait condamnée ; c'est lui qui nous a révélé » l'aspect *spirituel* de notre nature, et qui nous a appris à nous » soumettre à l'autorité d'une loi purement MORALE ; c'est lui » qui, du cercle étroit, de la sphère inférieure, de la famille et » de la patrie, a etendu, élevé nos sympathies jusqu'à la fra» ternité universelle.

» Mais, après avoir payé au catholicisme ce dernier tribut » d'amour et d'admiration, tournons nos regards vers l'ave» nir, aux portes duquel il nous a conduits sans pouvoir nous » les faire franchir, et que désormais son seul titre a notre » reconnaissance soit de nous avoir préparés à cet avenir, de » nous avoir mis en état de désirer et de concevoir la religion » nouvelle qui va nous le reveler.

» Dans notre dernière réunion nous avons dit que si le catholicisme, malgré le caractère progressif dont il était revêtu, n'était point parvenu à détruire la société militaire, à soumettre à sa loi l'ordre politique tout entier, c'est qu'il avait laissé en dehors de sa *sanctification* une des manières d'être importantes de l'existence humaine, la manière d'être *matérielle*, qu'il n'avait comprise dans son dogme que pour la frapper d'anathème. C'est de ce point de vue que nous avons aujourd'hui à considérer le christianisme, dans le but de montrer, dès à présent, et d'une manière directe, le progrès LE PLUS IMPORTANT que la conception religieuse de l'avenir doit présenter, par rapport à celle qui vient de finir, le progrès social LE PLUS IMPORTANT, par conséquent, que l'humanité ait à faire.

» En avançant précédemment que la division des pouvoirs établie au moyen âge avait pour origine directe ces paroles célèbres : *Mon royaume n'est pas de ce monde, rendez à César ce qui est à César et à Dieu ce qui est à Dieu*, nous avons ajouté que ces paroles elles-mêmes, indépendamment de la justification qu'elles pouvaient recevoir de l'état dans lequel se trouvait le monde à l'époque où elles furent prononcées, avaient une raison plus profonde encore dans le dogme théologique de la *chute des anges*, *du péché originel*, *de l'élection et de la réprobation*, *du paradis et de l'enfer*.

» Habitués comme nous le sommes par la philosophie critique à rire de ces croyances, à ne les considérer que comme des aberrations de l'esprit humain, que comme des hors-d'œuvre en quelque sorte, qui apparaissent au milieu des produits plus sérieux de son activité, nous devons avoir peine à comprendre qu'elles aient pu avoir quelque relation avec le sort des sociétés : et cependant c'est d'elles seules que l'époque où elles ont régné reçoit sa physionomie et son caractère ; c'est par elles seules que l'on peut s'expliquer la nature des idées MORALES qui signalèrent cette époque, et l'état dans lequel s'y trouvèrent la *science* et *l'industrie*.

» Peu de mots suffiront pour rendre le sérieux à ces croyan-
» ces, pour faire comprendre l'influence qu'elles ont eues sur
» les destinées de l'humanité, pour montrer que leur règne
» est fini, comme celui de l'ordre social qui les a réfléchies, et
» pour indiquer enfin celles qui doivent prendre leur place.

» Dans tout le passé nous trouvons établi, comme concep-
» tion fondamentale de l'esprit humain, le dogme de *deux*
» *principes;* l'un auteur de tout *bien*, l'autre de tout *mal.* Le
» fétichisme, dans les êtres, dans les formes de la nature qu'il
» personnifie et déifie, en reconnaît de *favorables* et d'*ennemis.*
» Le polythéisme a eu ses dieux *bons* et ses dieux *mauvais* ou
» infernaux, et la guerre des Titans contre Jupiter atteste as-
» sez, dans cette théogonie, l'existence des *deux principes.* L'an-
» tique théologie orientale, plus savante que les autres, nous
» présente le *bien* et le *mal* dans deux personnifications prin-
» cipales. Enfin, dès les premières pages de *la Genèse;* on voit
» le principe du *mal*, dont l'histoire n'est pas donnée, appa-
» raître pour corrompre l'ouvrage de la divinité, pour séduire
» l'homme, pour le faire déchoir, et devenir ainsi, dans le
» monde, la cause du péché et de la mort.

» Le christianisme n'a point échappé à ce *dualisme* primi-
» tif qui, du point de vue où nous sommes placés en ce mo-
» ment, et par rapport à l'avenir, constitue sans contredit son
» aspect le plus important. Et cependant nous devons nous
» hâter de le dire, le christianisme présente à cet égard un pro-
» grès immense sur toutes les théologies qui l'ont précédé.
» Dans celles-ci, en effet, le bien et le mal apparaissent comme
» étant coéternels : le christianisme a mis fin à cette croyance.

» En présence des hérésies des gnostiques, et particuliè-
» rement de celle des manichéens, qui donnaient pour base à
» la religion nouvelle les traditions orientales sur les *deux prin-*
» *cipes*, les Pères de l'Eglise ont établi ce dogme : qu'un Dieu
» bon avait *seul* existé de toute éternité, que les démons avaient
» été bons dans l'origine, et n'étaient devenus mauvais que
» par suite de leur révolte; que l'homme aussi avait été créé dans

» l'état d'innocence, et n'était déchu de cet état que pour avoir » cédé, en faisant usage du libre arbitre qui lui avait été donné, » aux séductions des anges tombés.

» Toutefois, quelque grand que soit ce progrès, si on le con- » sidère comme devant servir de préparation à celui qui reste à » faire sous ce rapport, ses conséquences sur le christianisme » lui-même, sur l'ordre MORAL créé par lui, et sur la destinée » sociale de la portion de l'humanité soumise à sa loi, ne se » firent que faiblement sentir. En effet, par le dogme de la chute » des anges et de celle de l'homme, les chrétiens et les mani- » chéens admettaient que le *bien* et le *mal* se trouvaient mê- » lés, confondus dans le monde; que l'homme, durant sa vie » terrestre, était sans cesse attiré, sollicité par *deux principes* » contraires, qui, à un jour suprême, celui du jugement der- » nier, devaient se partager l'espèce humaine pour l'éternité; » ce qui se trouva clairement exprimé par le dogme de l'*élec-* » *tion* et de la *réprobation*, du *paradis* et de l'*enfer*. — Le chris- » tianisme est donc encore profondément empreint du dogme » antique et primitif de *deux principes*, c'est-à-dire de l'ANTA- » GONISME UNIVERSEL. Mais ce qui nous importe surtout de con- » sidérer ici, c'est la caractérisation qu'il a donnée du *mal*, c'est » la source qu'il lui a assignée. L'Église, sans doute, admet bien » que, par le péché originel, l'homme a été à la fois frappé » de déchéance dans *son esprit* et dans *sa chair;* mais dans l'é- » laboration successive de ce dogme, on la voit peu à peu ou- » blier la *déchéance de l'esprit*, ou au moins la tenir dans l'om- » bre, pour mettre de plus en plus en saillie la *déchéance de la* » *chair* et sa CORRUPTION, à laquelle elle finit par rapporter à peu » près tout le MAL. *La chair, c'est le péché*, a dit saint Augustin. » Toute la doctrine de l'Église, sur le MAL et sa source, se » trouve en quelque sorte renfermée en ce peu de mots. — Au » surplus, pour vous convaincre que telle fut la pensée domi- » nante de l'Eglise à cet égard, il vous suffira d'en appeler à » vos souvenirs. Vous verrez que la plupart de ses prescriptions » MORALES ont pour objet de réprimer, nous dirions presque

» d'anéantir chez l'homme les *appétits*, les *besoins* MATÉRIELS : » que si elle ne considère pas les privations, les souffrances » PHYSIQUES qu'elle prescrit ou recommande, comme les *seuls* » moyens de mériter aux yeux de Dieu, elle les regarde au » moins comme indispensables dans ce but, tandis qu'elle » présente sans cesse les JOUISSANCES de cet ordre comme » constituant *toujours* un obstacle au salut.

» Ouvrez les livres qui renferment ses enseignemens et » ses contemplations, vous y verrez que les pensées *spirituelles* » y sont constamment opposées aux pensées CHARNELLES, » comme on opposerait le *bien* au MAL, et que si, selon la » doctrine de l'Église, l'homme peut *quelquefois* combattre » le démon, en réprimant les élans de *son esprit*, il le com» bat TOUJOURS lorsqu'il réprime les impulsions de SA » CHAIR. »

Avant d'aller plus loin, je veux vous faire une observation qui est en dehors de mon enseignement *dogmatique*.

Jamais critique de la MORALE chrétienne n'a été plus largement faite que dans cette leçon sur le *dogme;* ainsi dès l'époque où nous enseignions au public le *dogme* nouveau, nous condamnions la MORALE chrétienne dans ce qu'elle a de plus élevé, c'est-à-dire dans ses conceptions relatives à l'*esprit*, et dans ses conceptions relatives à la *chair*. Et cependant aucun de nous ne s'est avisé alors de trouver que nous fussions IMMORAUX ; au contraire, nous avons cru accomplir l'œuvre MORALE la plus élevée, non parce que nous *critiquions*, comme l'avaient fait Helvétius ou Voltaire (ce qui n'était plus chose difficile), mais parce que nous *formulions un dogme* qui devait nous donner successivement l'indication d'une conduite toute différente de celle qui résultait du dogme chrétien ; ainsi, dès le premier jour où nous attaquions, d'une manière aussi fondamentale, l'arche sainte que le christianisme a laissée au monde, on était en droit de lancer contre nous les accusations auxquelles nous sommes aujourd'hui en butte, car nous entrions dans la voie de *destruction* de la DOCTRINE MORALE qui a dominé le monde, et nous étions moins avancés vers la PRATIQUE MORALE qui doit la remplacer.

Continuons, et nous allons voir la justification la plus large de cette idée :

« Parmi les dogmes du christianisme, parmi les commen-
» taires que l'église en a donnés, les applications qu'elle en
» a faites, on pourrait en citer, il est vrai, qui paraissent
» contradictoires à ce que nous venons d'avancer, et notam-
» ment le dogme capital de l'INCARNATION du *verbe*, et celui
» de la résurrection des CORPS; la sanctification donnée au ma-
» riage, et enfin l'attention qu'a toujours eue l'Eglise, en
» prescrivant, à certaines époques, l'abstinence de la chair
» des animaux, de déclarer que ce n'était point parce que cette
» espèce de nourriture était impure qu'elle en ordonnait l'abs-
» tinence, mais seulement dans un but de pénitence et de
» mortification.

» Mais il ne faut point oublier que l'Église se trouvait en
» présence d'hérésies nombreuses et puissantes, qui regar-
» daient les *corps* et la *matière*, en général, comme le prin-
» cipe *éternel* du MAL ; que pour repousser ce dogme, elle se
» trouvait forcée de *réhabiliter* jusqu'à un certain point l'ordre
» *matériel*, et qu'enfin, sans quelques concessions de cette
» nature, l'humanité lui aurait entièrement échappé.

» Que l'on examine, d'ailleurs, les dogmes, les conces-
» sions dont nous venons de parler, et on les trouvera tout
» empreints de l'anathème porté sur la *matière*.

» Le *verbe* se fait CHAIR; mais c'est pour expier les crimes
» des hommes; et la CHAIR qu'il revêt, qu'est-elle autre chose,
» en effet, dans toute la vie du Christ, qu'un symbole de
» pauvreté et de souffrance, qu'un précepte vivant donné à
» l'homme de *mépriser* son CORPS, s'il veut trouver GRACE
» devant Dieu? Et, ce qu'il faut bien remarquer ici, c'est
» que, si DIEU se fait CHAIR, la CHAIR pourtant ne se con-
» fond point en Dieu, ce qui dans ce dogme est assez attesté
» par la distinction qui s'y trouve établie avec tant de soin,

» des *deux natures*, des *deux opérations*, des *deux volontés* » du Christ.

» L'Église admet la résurrection des CORPS pour la vie » future et leur perpétuité dans cette vie; mais dans le sé- » jour des justes, dans celui des récompenses, dans le paradis » enfin, elle ne peut parvenir à se figurer leur ACTIVITÉ, et » ce n'est que dans l'enfer, où ils doivent souffrir, qu'elle » leur conçoit une destination.

» Elle sanctifie le mariage; mais elle le regarde tou- » jours pourtant comme un état *inférieur*, et cela, non » pas parce qu'il tend à rétrécir les affections de ceux qui y » sont engagés, mais à cause du lien CHARNEL qu'il établit » entre eux. Ce qui est évident, puisqu'en plaçant le célibat » au-dessus du mariage, elle ne fait dépendre, d'une manière » nécessaire au moins, la perfection qu'elle attribue à cet » état de l'accomplissement d'aucune fonction SOCIALE; et » que nous trouvons, en effet, que la plupart de ceux qu'elle » nous présente comme ayant *merité*, sous ce rapport, ont » passé leur vie dans la SOLITUDE.

» Enfin, il est peu important que l'Église ait pris soin d'é- » tablir qu'elle ne regardait point comme impure la *chair* des » animaux, puisqu'en prescrivant l'abstinence, son but » avoué était de *mortifier la chair* de ceux qu'elle soumettait » à sa loi. Eh! pourquoi aurait-elle voulu la *mortification* de » la *chair* si elle ne l'avait jugée *impure?*

» Parcourez tous les monumens que nous a laissés le chris- » tianisme, et partout vous y lirez la *réprobation* de la *ma-* » *tière;* partout vous y verrez, malgré quelques inconsé- » quences, quelques subtilités, qu'en définitive dans l'esprit de » cette doctrine l'ordre *matériel* constitue, à proprement » parler, l'*empire du démon*, celui du MAL. Rappelez-vous, » par exemple, cette parabole historique de l'Evangile, dans » laquelle le démon, voulant séduire le Christ, lui promet de » lui donner les villes, les royaumes, les empires, et toutes

» leurs richesses, et vous y trouverez cette pensée clairement » exprimée.

» Toute l'*aversion* de l'église chrétienne pour la *matière*, » tous les *anathèmes* dont elle l'a frappée, se trouvent enfin » résumés dans la manière dont elle a conçu Dieu, type de » toute perfection, et qui, suivant elle, à ce titre, n'est et ne » peut être conçu que comme *par esprit ;* d'où elle a naturel- » lement tiré cette conclusion, *que ce n'est que par l'esprit que* » *l'homme peut entrer en rapport avec Dieu et mériter devant lui.*»

Remarquez encore une fois comme toute cette critique, pour un prêtre chrétien, serait empreinte D'IMMORALITÉ, ou du moins, combien il lui serait possible de prouver que cette critique conduit inévitablement à ce que lui, chrétien, nommerait la plus grossière IMMORALITÉ. Mais allons plus loin :

» Voilà, messieurs, la raison profonde de ces paroles : » *Mon royaume n'est pas de ce monde..... Rendez à César ce* » *qui est à César et à Dieu ce qui est à Dieu.* Voilà la raison » profonde de la séparation qui s'est établie au moyen âge » entre l'église et l'état, de la division des pouvoirs qui a ex- » primé cette séparation ; voilà pourquoi, enfin, le règne » de CÉSAR, encore qu'il fût déshérité de la religion, a pu se » maintenir, et, jusqu'ici même, conserver une existence lé- » gitime, puisque lui seul a pu ouvrir une carrière, et donner » une loi au déploiement de l'activité *matérielle* de l'homme.

» Jetons les yeux sur la carrière que l'église a parcourue » dans le temps de sa splendeur, et nous verrons, en effet, » que tout ce qui appartient à l'ordre *matériel* a été *abandonné* » par elle.

» Elle a *contemplé* la vie dans l'homme et dans Dieu, et » ces contemplations, elle les a produites dans une poésie su- » blime qui a initié l'humanité à une existence nouvelle ; mais » comme elle n'a aimé *que l'esprit*, c'est l'*esprit seul* qu'elle a » animé et chanté. Dans le cours du moyen âge, la *matière* » a eu aussi sa poésie ; mais c'est en dehors de l'église, de sa

» foi, de ses inspirations, et, par conséquent, sous le poids de
» ses *anathèmes*, que cette poésie a pris naissance et s'est dé-
» veloppée.

» L'activité scientifique de l'église est assez attestée par les
» nombreux et importans travaux qu'elle nous a laissés. Mais
» presque tous ces travaux, soit qu'ils aient pour objet Dieu
» et ses attributs, soit qu'ils traitent de l'homme et de ses fa-
» cultés, de ses relations avec Dieu et avec ses semblables, se
» rapportent exclusivement à une seule science, celle de l'*es*
» *prit*. Les cloîtres, il est vrai, furent pendant long-temps
» les seuls dépositaires des sciences *physiques*, et ces sciences
» ne restèrent point absolument sans culture dans leur sein.
» Mais ils n'avaient point été institués pour les cultiver, et
» ce ne fut en conséquence qu'accidentellement, exceptionnel-
» lement que quelques moines s'en occupèrent: aussi voyons-
» nous que dans leurs mains elles restèrent à peu près station-
» naires, et qu'elles ne se développèrent avec éclat et rapidité
» que lorsque, le christianisme étant arrivé à son déclin,
» elles passèrent dans les mains des laïques. Or l'effroi que
» l'église témoigna en leur voyant prendre cet accroissement
» montre assez *combien son dogme était peu propre à les com-*
» *prendre et à favoriser leur progrès.*

» Quant à l'activité *matérielle*, en tant que cette activité
» était militaire, il était naturel que l'église y restât étrangère,
» puisque son dogme la condamnait formellement, et que la
» mission principale qui lui avait été donnée était d'y mettre
» un terme; mais on ne la voit pas prendre une plus grande
» part aux travaux *matériels* de l'ordre pacifique. On doit bien
» reconnaître, sans doute, qu'en subalternisant toujours de
» plus en plus l'élément militaire, en réprimant les habi-
» tudes violentes, en développant graduellement les mœurs
» pacifiques, elle a puissamment contribué au progrès de
» l'*industrie*; mais son action, sous ce rapport, n'a été qu'*in-*
» *directe*. La célèbre maxime, *qui travaille prie*, semble, il
» est vrai, l'associer, d'une manière plus intime, aux travaux

» de cet ordre, et en renfermer une sorte de sanctification; » mais si on se rappelle qu'elle regardait le travail comme » un châtiment imposé à l'homme, et si l'on réfléchit, en » même temps, aux conditions pénibles auxquelles il était » soumis alors, il sera permis de penser que c'était surtout » en raison de sa vertu *expiatoire* qu'elle le considérait » comme un moyen de salut.

» Au surplus la maxime dont nous venons de parler se » trouvait neutralisée par une foule d'autres maximes bien » plus impératives, et qui, mettant la *pauvreté*, les privations » *physiques* au premier rang des VERTUS, tendait non-seule- » ment à enlever tout mobile à l'*industrie*, mais encore » même à faire considérer son développement comme IMPIE » Ce qu'il y a de certain, c'est que l'Église ne s'est point donné » pour tâche de présider à l'activité *matérielle*, et que, jusqu'à » un certain point, l'accroissement qu'a pris cette activité » a été en contradiction avec la MORALE chrétienne. C'est ainsi » que l'élément *matériel*, exprimé à la fois par la poésie, par la » science, par l'industrie, s'est élevé, et, peu à peu, s'est or- » ganisé *en dehors de l'église et de sa loi*, jusqu'au moment » où, arrivé à un certain degré de puissance, il est devenu la » NÉGATION du dogme chrétien qui l'avait repoussé, et le » point d'appui de toutes les attaques dirigées contre ce » dogme.

» Lorsque le christianisme apparut, l'ordre *matériel* tout » entier était réglé par la violence et pour elle. La *chair* alors » était la *chair* selon César; elle était devenue *impie* et de- » vait *périr*. L'église a été chargée d'exécuter la sentence » portée contre elle; mais elle n'a pu y parvenir qu'en la » condamnant d'une manière absolue et sans réserve. Aussi, » lorsque le temps fut venu, où, par suite de ses efforts, la » MATIÈRE dut être *sanctifiée*, parce qu'elle était préparée pour » une *destination nouvelle*, l'église se trouva incapable de com- » prendre ce PROGRÈS, et de l'accomplir. Ce fut alors que

» son autorité fut méconnue et renversée, car elle avait cessé » d'être dans la voie providentielle.

Remarquez que la CHAIR s'est développée en dehors de l'église, sous le poids de l'anathème, et par conséquent dans un état de douleur qui a donné à la poésie *matérielle* son caractère mélancolique depuis Luther.

» L'aspect LE PLUS FRAPPANT, LE PLUS NEUF, sinon le plus » important, du progrès *général* que l'humanité est AUJOURD'HUI appelée à faire, consiste dans la RÉHABILITATION DE LA MATIÈRE, réhabilitation qui » ne pourra avoir lieu qu'autant qu'une conception religieuse » nouvelle aura fait *rentrer dans l'ordre providentiel et en Dieu* » *même cet élément, ou plutôt cet aspect de l'existence universelle que le christianisme a frappé de sa* RÉPROBATION. »

Méditez ces dernières lignes, rapprochez-les de ce que je vous ai dit tout à l'heure, et vous verrez que l'œuvre MORALE et RELIGIEUSE que nous accomplissons, ne s'est pas manifestée seulement du jour où nous avons eu la prétention d'appeler la femme à travailler avec nous à la formulation de la LOI MORALE de l'avenir, mais que cette œuvre MORALE a été commencée le jour où nous avons enseigné la plus haute *critique* que l'on puisse faire du dogme chrétien.

Certainement si nous avions continué à critiquer le dogme chrétien, comme avant le jour où SAINT-SIMON nous a éclairé de sa lumière, on aurait pu nous dire que nous ne faisions que *dissoudre*, et que nous n'*édifions* pas. Mais depuis que ce jour s'est levé pour nous, nous avons *préparé* le monde à la pratique de la MORALE nouvelle dont SAINT-SIMON a déposé les germes dans LE NOUVEAU CHRISTIANISME. Et cela est si vrai, qu'il n'est aucun de vous qui, prêchant notre doctrine, se soit présenté, à l'égard des chrétiens, comme simple démolisseur. Tous nous avions soin de montrer notre *doctrine* à côté de notre *critique*.

Nous ne voulions cependant pas dire, pour cela, que notre doctrine pût être RÉALISÉE dans un instant; que dans un instant, tout ce qu'il y a encore de *science* et de MORALE chrétiennes pût être transformé : prétendre à pareille chose, c'eût été vouloir bâtir en un jour le temple de l'avenir ; c'eût été renier le PROGRÈS.

Tout ce que nous pouvions dire, c'est que notre dogme trinaire était une haute *critique* du dogme chrétien, et qu'il avait, en même temps, une grande vertu *reconstructrice* ; car il forçait à chercher sans cesse l'UNION de l'*esprit* et de la *matière*, l'HARMONIE qui existera dans l'avenir entre les *idées* et les *actes*. Mais, nous pouvions tous le prévoir, cette HARMONIE que SAINT-SIMON lui-même ne nous a révélée que progressivement, ne s'établira que progressivement dans le monde : et au besoin nous en trouverions une preuve éclatante dans ce qui s'est passé lorsque nous avons senti que l'appel des femmes était indispensable au progrès de la doctrine, et que nous avons cherché à vous donner une conscience nouvelle de ce qu'était leur puissance pour l'avenir. Car tous ceux qui m'entouraient, aussi bien ceux qui ne m'ont pas compris que ceux qui m'ont compris, ont subi, par suite de la révélation que je leur faisais, une modification complète dans leur existence, montrant ainsi que jusqu'à cette époque les deux faces de la vie n'avaient pas été harmonisées en eux.

Ainsi ceux qui ne m'ont pas compris et qui se sont séparés de moi nous ont prouvé qu'ils ne croyaient qu'en *théorie*, et nullement en *pratique*, à cette ÉGALITÉ de l'*homme* et de la *femme* qu'ils avaient jusqu'alors prêchée avec nous. Car lorsque j'ai émis des idées nouvelles sur la MORALE de l'avenir, ils se sont écriés que ces idées, jetées dans la société, seraient pour les femmes une cause de DÉMORALISATION ; ils se sont faits les avocats de la femme, de cet être faible qui, selon eux, ne pourrait pas supporter le poids de la révélation nouvelle. En un mot, ils croyaient si peu à L'ÉGALITÉ DE L'HOMME ET DE LA FEMME, que lorsque j'ai posé des termes qui devaient avoir une influence semblable sur l'une et sur l'autre, ils ont avancé que ces termes seraient une cause de DISSOLUTION pour la femme bien plus que pour l'homme.

Les attaques qui ont été dirigées à ce sujet contre nous par les membres dissidens ressemblent beaucoup à celles qu'ils avaient eux-mêmes combattues victorieusement, et qui avaient été dirigées contre notre dogme et notre politique, lorsque ce dogme et cette politique furent prêchés pour la première fois.

Ainsi, rappelez-vous la septième leçon du 2e volume, qui renferme l'*exposition* du dogme Saint-Simonien après la *critique* du dogme chrétien; et la huitième leçon, dans laquelle Bazard repousse les objections faites au dogme Saint-Simonien, et vous verrez que dans une de ces objections, les hommes qui voulaient subalterniser la *chair* à l'*esprit*, nous adressaient le reproche d'IMMORALITÉ comme le font aujourd'hui, à propos de notre MORALE, ceux qui veulent, dans la pratique, subalterniser la *femme* à l'*homme*.

Remarquez encore que lorsque notre DOGME fut énoncé pour la première fois, on nous accusa de *panthéisme*, de *spinosisme*, on nous dit que notre système tuait la LIBERTÉ, en *absorbant* l'homme en Dieu.

De même lorsque nous formulâmes la question de la PROPRIÉTÉ, on nous accusa de vouloir la *loi agraire*. Vous savez tous avec quel succès Bazard répondit à ces deux imputations.

Et aujourd'hui que nous voulons fonder une loi MORALE, on nous accuse de vouloir la *communauté des femmes*.

Cependant, qui de vous ne sent pas que ces trois objections, *spinosisme* ou *confusion panthéistique*, *loi agraire* ou *communauté des biens*, *promiscuité* ou *communauté des femmes*, ne sont que les trois aspects d'une seule et même objection, dirigée successivement contre la *science* ou le *dogme*, l'*industrie* ou la *politique*, et enfin contre la MORALE.

Et ces objections ne doivent pas vous étonner; car nous nous sommes placés sur un terrain tel qu'il était impossible qu'on ne nous les fît pas. Nous sommes arrivés dans un monde livré à l'*individualisme*, avec la prétention de former une *société* nouvelle, dans laquelle tous les efforts *individuels* seraient HARMONISÉS. Eh bien! il était impossible qu'on ne prît pas cette UNITÉ nouvelle que nous annoncions au monde pour de LA CONFUSION ; il était impossible qu'on ne nous accusât pas de prêcher et de pratiquer le DESPOTISME le plus abrutissant, le GRACCHISME le plus révolutionnaire, et la PROMISCUITÉ la plus hideuse. On l'a fait en-dehors de nous, et jusqu'au milieu de nous.

Je m'adresse maintenant à ceux qui m'ont compris et qui sont restés avec moi, à ceux qui savent que la *loi chrétienne* ne peut donner lieu qu'à des actes *rétrogrades*, et que la *critique de la loi chrétienne* ne peut donner lieu qu'à des actes purement *négatifs*; à ceux qui comprennent que le dogme Saint-Simonien, en annonçant la prétention d'UNIR la *chair* à l'*esprit*, condamne sans retour le dogme chrétien, et fait cesser la division antagoniste de l'enfer et du paradis; à ceux, enfin, qui ont foi qu'il existe dans les hommes qui professent la religion Saint-Simonienne une *force*, une *vertu*, une MORALITÉ bien plus grande que dans tous ceux qui professent, en dehors de nous, ou la *loi chrétienne*, ou la *négation de la loi chrétienne*.

A ceux-là je n'ai pas besoin de faire aimer et comprendre l'ÉGALITÉ DE L'HOMME ET DE LA FEMME; car il doit être clair pour eux que cette égalité, sans laquelle il y a exploitation de la moitié du genre humain par l'autre, est la loi de l'avenir, la seule LOI MORALE qu'il soit possible de concevoir.

Je ne veux pas non plus vous expliquer aujourd'hui quel sera dans l'avenir le caractère, quelle sera la MORALITÉ de l'homme qui, dans les relations individuelles, s'interposera entre des hommes de caractères dissemblables, entre ceux, par exemple, que j'ai dernièrement désignés sous le nom d'*ardens* et de *patiens*, et qui s'occupera de les RELIER, de les HARMONISER.

Je veux appeler votre attention sur un autre sujet.

Tous nos travaux du *Producteur* ont eu pour objet de faire *comprendre* aux *savans* qu'ils méprisaient trop les *industriels*, et aux *industriels* qu'ils ne payaient pas assez les *savans*.

Je dis de le leur faire *comprendre* et non SENTIR; car tout, dans le *Producteur*, portait l'empreinte du langage *scientifique* et non du langage SYMPATHIQUE. Or, jamais *consci-*

gnement MORAL plus élevé n'avait été donné aux uns et aux autres. Je dis *enseignement* et non *prédication*; mais il n'en est pas moins vrai qu'à cette époque nul savant ne portait en lui un principe MORAL plus élevé que le nôtre, un principe à l'aide duquel on pût mieux RÉGLER les rapports des *savans* et des *industriels*.

Nous nous sommes également occupés de poser, dans nos travaux scientifiques, des termes sur l'ordre social futur, qui étaient de nature à faire *comprendre* que les *savans perfectionnans* et les *savans enseignans* devaient être UNIS entre eux, de manière que les découvertes de la science passassent le plus rapidement possible à l'enseignement et à la pratique, et que les besoins de la pratique ou de l'enseignement fussent communiqués le plus promptement possible aux élaborateurs de la science pour qu'on sût toujours ce que l'intelligence humaine avait de nouveau à faire. Nous avons de même divisé tous les travaux de l'*industrie* en deux ordres, et montré combien il était nécessaire et utile d'établir entre les deux classes d'hommes qui se livrent à ces travaux des relations suivies, intimes et constantes. Nous avons été conduits par là à présenter le tableau d'une société dans laquelle il existerait entre les individus livrés à des occupations *dissemblables* des rapports en vertu desquels ils seraient constamment RELIÉS entre eux, et pourraient se comprendre mieux qu'ils ne le font aujourd'hui. C'est ainsi que nous avons installé une nouvelle MORALE politique. Nous avons blâmé la *concurrence* et nous avons posé les termes de l'*association* des industriels, association qui doit différer essentiellement des systèmes de monopole connus sous le nom de *jurandes* et de *maîtrises*, systèmes qui ont dû finir par amener l'exploitation du plus grand nombre, précisément parce qu'ils étaient des monopoles. C'est en prêchant cette doctrine que nous avons répandu des dispositions de bienveillance générale qui n'existaient pas, et que nous avons substitué à la lutte IMMORALE qui règne en dehors de nous des prévisions MORALES de paix et d'association.

Je n'ai certainement pas besoin d'entrer ici dans de longs développemens pour vous faire comprendre qu'en agissant de cette manière nous avons été des hommes MORAUX. La chose est si évidente qu'il me suffit de l'énoncer, et cependant il existe un tel rapport entre cette époque et celle dans laquelle nous entrons, que les hommes qui nous accusent d'IMMORALITÉ, à cause de l'acte que nous accomplissons aujourd'hui, pourraient nous prouver absolument par les mêmes raisonnemens qu'alors aussi nous étions IMMORAUX.

Oui, ce que nous avons fait jusqu'à présent dans l'*ordre politique*, nous avons à l'accomplir dans L'ORDRE MORAL : nous avons à continuer l'étude de l'homme sous le double aspect de l'*esprit* et de la *chair*, de l'*intelligence* et de *la beauté*; nous devons chercher à découvrir quelles sont, sous tous ces rapports, les *affections* humaines, quelle est la classification des *passions*; et lorsque nous en aurons la TRIPLE formule, que nous les aurons rattachées à un DUALISME SYMPATHIQUE, comme nous les avons jusqu'à présent rattachées à un *dualisme métaphysique* ou à un *dualisme politique*, alors nous pourrons comprendre que l'homme le plus MORAL est celui qui, saisissant les *deux aspects* de la vie humaine, sait les DÉVELOPPER en les UNISSANT. Alors on saura ce que c'est que le PRÊTRE, au lieu qu'aujourd'hui on ne conçoit encore qu'un chef d'*industriels*, un chef de *savans*, ou un savant qui raisonne sur l'*esprit* et sur la *matière*.

J'ajoute encore un mot pour vous expliquer comment il se fait que des hommes qui ont formulé et enseigné avec nous le dogme que nous élaborons depuis plusieurs années se soient séparés de la phase actuelle de la doctrine. La cause en est qu'après avoir tracé une formule aussi nette que celle que je vous lisais tout à l'heure sur la *réhabilitation de la chair*, formule qui est l'indication de tous les travaux accomplis par la doctrine jusqu'à ce jour, et de l'allure nouvelle qu'elle vient de prendre à l'égard du monde extérieur, ils n'ont plus vu dans cette formule que le signe d'une *prédominance* donnée aux intérêts *matériels*, dans la *pratique* de la vie Saint-Simonienne : et ils se sont écriés que cette *prédominance* était contraire à notre dogme, qui prescrit de développer HARMONIQUEMENT les deux aspects de l'homme. Mais après que le christianisme a, pendant dix-huit siècles, développé les hommes sous le rapport *spirituel*, peut-on arriver à cette HARMONIE qu'on demande, sans les développer SPÉCIALEMENT sous le rapport *matériel*? Et ne l'ont-ils pas reconnu eux-mêmes lorsqu'ils ont dit : *Il faut réhabiliter la chair! C'est l'aspect* LE PLUS FRAPPANT, LE PLUS NEUF, *du progrès que l'humanité est* AUJOURD'HUI *appelée à faire.* La prédominance que nous voulons aujourd'hui donner à l'*industrie*, au *culte*, n'est-elle pas l'expression magnifique d'un désir, vague pour quelques-uns, précis pour quelques autres, désir que BAZARD a formulé dans le volume, et qu'EUGÈNE a manifesté d'une manière plus animée dans sa dernière lettre à Bürus?

Enfin, c'est pour une raison tout-à-fait semblable, c'est parce que la femme a été jusqu'à ce jour *subalternisée*, que tous nos efforts doivent tendre AUJOURD'HUI à l'*élever*, à créer la puissance qu'elle exercera dans l'avenir. Notre apostolat consiste donc autant dans *l'affranchissement de la femme* que dans la *réhabilitation de la chair*, quoique ces mots AFFRANCHISSEMENT et RÉHABILITATION n'appartiennent pas à l'avenir; ils indiquent seulement une *préoccupation*, une *prédominance* tout-à-fait transitoires: ils expriment la différence qui existe entre l'époque APOSTOLIQUE et celle de la CONSTITUTION DÉFINITIVE DE L'ASSOCIATION RELIGIEUSE UNIVERSELLE.

DEUXIÈME ENSEIGNEMENT.

(20 NOVEMBRE 1831.)

L'HISTOIRE.

CHERS ENFANS,

Il résulte de mon premier enseignement qu'aux points de vue *philosophique*, *politique* et *théologique*, tous les travaux de la doctrine peuvent être considérés comme des TRANSFORMATIONS diverses du DOGME TRINAIRE, et que le caractère principal de notre apostolat est la RÉHABILITATION DE LA CHAIR; c'est-à-dire : en RELIGION, la constitution du *culte* : en POLITIQUE, l'organisation de l'*industrie*; en MORALE, l'affranchissement de la *femme* et son ASSOCIATION par égalité avec l'*homme*.

Afin de justifier ma parole par nos travaux précédens, j'ai mis sous vos yeux quelques passages du NOUVEAU CHRISTIANISME et du second volume de l'EXPOSITION: avant de passer outre, je veux encore vous lire une partie de la dernière lettre d'Eugène à Bürns sur la RÉHABILITATION DE LA CHAIR.

« JESUS a définitivement sanctifié l'AMOUR et la *science*, mais l'amour de l'*esprit* et la science de l'*esprit;* car Dieu était *esprit* et n'avait point de *corps*, car Dieu ne se révéla à l'homme que par son *verbe;* car la *chair*, le *monde*, la *terre*, étaient encore impies, alors que CESAR y régnait.

» Mais l'ACTIVITE humaine (1), cette troisième faculté qui nous appelle à PRATIQUER le Seigneur, comme l'amour et la science nous appellent à l'adorer et à le connaître, cette dernière face de la *trinité* humaine, faible reflet de la *trinité* divine, ne sera-t-elle point aussi sanctifiée ' AMOUR *adorable*. *dogme* sublime, n'enfanterez-vous pas un CULTE digne de vous? Montrez-nous le temple où nous puissions rendre à Dieu TOUT ce qui est à Dieu, où nous puissions verser les trésors d'AMOUR et de *cience*, mais aussi de RICHESSES, que nous tenons de sa *bonté*, de sa *sagesse* infinies, et de sa toute-puissante et féconde BEAUTÉ.

» Verrons-nous donc toujours des sociétés païennes autour de temples *chrétiens*? Au milieu d'elles les hommes se distingueront-ils toujours par la *naissance*, quand Dieu ne les distingue que par leurs ŒUVRES?

» La CHAIR renaîtra pure et incorruptible, a dit le Sauveur: et, sourds à cette prophétie *sociale* dont il vous a plu de ne faire qu'une prophetie *individuelle*, vous vous écriez avec orgueil: Que l'*esprit* soit libre de la *matière*, et que la *matière* soit libre de l'*esprit!* que les prêtres gouvernent le *spirituel*, et que les rois gouvernent le *temporel!* Dieu aurait-il donc toujours des rivaux parmi les hommes? la volonté du Seigneur n'est-

(1) Page 278. (*N. éd.*)

elle donc plus que son règne arrive sur la TERRE comme dans le *ciel?*

» Et cependant la *renaissance* promise est arrivée, la CHAIR va être admise à compléter l'alliance du *cœur* et de l'*esprit* avec Dieu. Dieu appelle la famille humaine à mériter *moralement*, *spirituellement* et MATÉRIELLEMENT: la *beauté* et l'*utilité* du CULTE impriment le cachet divin par excellence à la *vérité* et à la *sagesse* du DOGME, à l'*enthousiasme* de la RELIGION.

» Lorsque l'homme apparut sur la terre, Dieu remit entre ses mains la NATURE; depuis le jour où, suivant *la Genèse*, Dieu *se reposa*, l'heure du TRAVAIL a sonné pour l'homme; l'homme fut, et fut CRÉATEUR.

» La terre fut purgée par lui des monstres dont elle était couverte; il dessécha les marais; il abattit les forêts affreuses qui rendaient le globe inhabitable; et cette terre, véritable chaos, qui roulait au milieu du grand monde, il eut mission d'en faire un petit monde; et cette grande *œuvre* qu'il exécute *instinctivement* depuis les premiers temps, aujourd'hui il en a *conscience*, et son accomplissement *progressif* est le règne de Dieu sur la TERRE.

» La capacité *industrielle* de l'homme est l'image imparfaite de la puissance *créatrice* de Dieu, et celui que Dieu en a spécialement doué a droit, comme celui qu'il a doté spécialement d'une portion de sa science, comme celui à qui il a spécialement inspiré une partie de son AMOUR, à la récompense que vous attribuez seulement à ces deux derniers.

» Eh quoi! l'homme CRÉÉ par un *acte* divin d'amour dédaignera-t-il son semblable, alors qu'il imitera le divin ouvrier? dédaignera-t-il ce que Dieu n'a point dédaigné?

» Ceux de mes frères dont les TRAVAUX font vivre la société doivent-ils rester au milieu d'elle comme les Juifs de l'ancienne loi, ne prétendant, n'aspirant qu'à des récompenses TEMPORELLES, sans espérance d'ailleurs d'arriver au salut, c'est-à-dire à la vie ÉTERNELLE? Et cependant ils sont nos frères, et sans eux notre *amour* serait sans BASE et nos *contemplations* sans FRUIT.

» Toute une portion de l'humanité, à jamais *indispensable* à son existence, serait à jamais exclue des promesses divines!

» Seigneur, qui m'avez dit d'aimer tous les hommes comme mes frères, retirez-moi l'amour que j'éprouve pour ceux d'entre eux qui continuent votre OUVRAGE, s'ils ne doivent point un jour voir votre gloire, comme ceux qui continuent vos *contemplations*, comme ceux qui continuent votre *charité!* ou plutôt, grand Dieu! daignez m'éclairer, afin que je ne gémisse plus sur eux et sur leurs ŒUVRES, et que j'apprenne à *adorer;* à *bénir* la manière dont vous êtes glorifié par eux et par leurs ŒUVRES! car vous n'avez rien fait en vain, et il a été dit : Que toute TERRE chante le Seigneur.

» Mais quel est le nom du Seigneur? = Je suis celui qui suis, je suis tout ce qui a été, tout ce qui est et tout ce qui sera

» Ah! mes douleurs vont se changer en joies, car ces mains qui dirigent les vaisseaux, qui jettent les ponts sur les fleuves, qui tissent ces étoffes merveilleuses, qui bâtissent ces demeures qui élèvent ces palais et ces temples qui creusent ces canaux et construisent ces digues, qui forment les gerbes dans ces vallées et cueillent la vigne sur ces coteaux, ces mains sont LES MAINS DU SEIGNEUR! J'allais tout à l'heure prononcer le blasphème, et me voici plongé dans les ineffables ravissemens de l'extase! amour et gloire éternelle à Dieu, TOUT EST EN LUI, TOUT EST PAR LUI, TOUT EST LUI.

» Grand Dieu! c'est *toi* qui AIMES ce que nous AIMONS; c'est toi qui *connais* ce que nous *connaissons;* c'est toi qui *fais* ce que nous *faisons*, car ton AMOUR, ta *science* et ta *puissance* AGISSENT ÉTERNELLEMENT EN NOUS. Quel est le jour où nous pourrions dire que tu cesses d'AIMER et de *connaître* ta *créature;* quel est celui où nous oserions dire que ton AMOUR et la *sagesse* cessent de *créer?*

» Et cependant l'Église te représente dans un *repos* éternel depuis les six jours où tu *créas* le monde selon sa parole impie; elle t'a fait à l'image de l'homme, dont les jours aussi sont comptés, et pour qui une fois mort, elle te demande aussi le *repos* éternel; et tu ne sortirais, suivant elle, de ce repos que pour le jugement dernier, où *tous* seront appelés et *quelques-uns* seulement élus.

» Finissons-en avec ces croyances terribles que nous justifierons plus tard.

» Il n'y a point de passé pour Dieu. Dieu AIME, *connaît* et *crée* ÉTERNELLEMENT. Réjouissez-vous, hommes dévoués qui *travaillez* pour l'humanité, fille de Dieu; la sainte famille humaine VOUS AIME, car elle *sait* que vous lui fournissez les *moyens* d'atteindre son but, qui est Dieu; elle vous en rend grâces, et Dieu, par la bouche de ses prêtres, sanctifie vos utiles *labeurs*, et les merveilles que *crée* votre INDUSTRIE.

» *Repos éternel* pour l'homme après la mort est-ce là ce que demandera l'église de l'avenir? Non, non : tant que les hommes crurent au principe du mal, à qui Dieu avait abandonné la *matière*, ils durent se représenter leur vie *terrestre* comme une lutte perpétuelle; cette lutte fut d'abord d'homme à homme, plus tard de peuple à peuple; en dernier lieu enfin nous avons vu la population d'un nouveau monde exterminée par celle d'un monde ancien; dans le christianisme surtout, cette lutte se caractérisa dans chaque *individu* par le combat de la *chair* contre l'*esprit*, dans la *société* par celui de l'*église* contre l'*état*, et alors la vie n'étant plus qu'une arène, le chrétien chercha dans la mort le calme de la retraite : REQUIEM ÆTERNAM DONA EIS ....

» Mais aujourd'hui la vie est une œuvre joyeuse; l'enfance est un agréable réveil, la vieillesse un *endormissement* délicieux et la mort le prélude d'une vie nouvelle, d'un nouveau progrès.

» Il ne s'agit donc plus pour nous du jugement dernier et du *petit nombre des élus*, car nous sommes tous enfans de Dieu, et l'enfant prodigue lui-même ne doit-il pas, tôt ou tard, rentrer sous le toit paternel?

» Chrétiens, tendez la main aux Juifs Dieu vous ordonne de cesser de les haïr, et de leur apprendre à l'aimer en les aimant d'abord

» Ils ont méconnu Dieu et crucifié son envoyé !

» Et vous-mêmes n'avez-vous pas méconnu Dieu dans le MONDE ? ne l'avez-vous pas crucifié dans votre CHAIR et dans celle de vos frères ? n'avez-vous pas commis de *sanglans* actes de foi ? ne faites-vous pas tous les jours la *guerre* au nom du Dieu de paix ?

Chrétiens, il y a dix-huit cents ans que les Juifs ont crucifié Dieu dans un homme, et il y a dix-huit cents ans que vous crucifiez Dieu dans un peuple ! N'est-il pas temps qu'oubliant leurs erreurs passées, tous les frères s'embrassent afin que Dieu le père soit tout en eux tous ?

. L'humanité entière n'est-elle pas le peuple de Dieu, et le globe, n'est-ce pas la terre promise ? AIMER, *connaître* et *pratiquer* le Seigneur, voilà le règne de Dieu. Et qui peut *connaître* Dieu, s'il ne l'AIME ; et qui peut *pratiquer* Dieu s'il ne l'AIME ?

» Mais il y a trois personnes en Dieu, et trois fonctions dans l'humanité ; fonction d'AMOUR, fonction de *science*, fonction de *puissance*. Il y a des PRÊTRES qui font AIMER Dieu, des THÉOLOGIENS qui le font *connaître*, des DIACRES qui le font *pratiquer*. Voilà les chefs ou plutôt les PÈRES de la famille humaine. Il y a de plus des ARTISTES qui rendent à Dieu un culte d'AMOUR, des *savans* qui lui rendent un culte d'*étude*, des *industriels* qui lui rendent un culte de *travail* ; voilà les serviteurs ou plutôt les ENFANS de la famille humaine. Et qui pourrait mieux administrer le patrimoine de la famille humaine que ceux qui en sont les pères ? Est-il un AMOUR plus *sage* et plus *actif* que l'amour paternel ? Qui sait mieux que le père ce qui revient à l'aîné et ce qui revient au cadet ? Mais les forts sont les aînés d'entre les hommes comme les faibles en sont les cadets. Chacun aura donc entre les mains un levier proportionné à sa vigueur, à sa puissance, à son mérite, et ce levier lui servira à élever vers Dieu ceux qui sont au-dessous de lui, en même temps qu'il y est élevé lui même par ceux qui sont au-dessus de lui. »

Vous le voyez, Eugène qui, durant toute sa vie, se montra si *pur*, en prenant ce mot dans l'acception la plus rigoureuse du christianisme, sentait la nécessité de transformer la MORALE du passé, et ne reculait pas devant l'accomplissement de cette œuvre immense: il savait bien, toutefois, que l'homme qui assumerait sur lui la responsabilité de cette tâche glorieuse et sainte rencontrerait de grands obstacles et trouverait sur sa route la colère et l'injure; il le savait, mais il était apôtre, il était mon fils, il a parlé la langue de SAINT-SIMON et la mienne; eh bien! cette parole toujours progressive, vous l'entendez encore aujourd'hui.

Et maintenant que vous avez pu rattacher la forme *pratique* de notre apostolat au *dogme* professé par nous jusqu'ici, et à nos *prévisions* relatives à la RÉHABILITATION DE LA CHAIR, je veux vous faire comprendre par un exemple frappant l'influence des progrès que nous accomplissons actuellement sur notre VIE entière, sur tout ce que nous avons SENTI, *appris* et *exécuté* jusqu'à ce jour.

Nous avons, depuis que la hiérarchie est fondée, développé plus particulièrement l'un des aspects de la VIE Saint-Simonienne; nous avons été des *docteurs*, et nos SENTIMENS ont été encore empreints de *lutte*, de *critique*, de guerre.

Aujourd'hui nous VOULONS *réaliser*, *pratiquer*; et notre parole doit être d'*harmonie*, d'*union* et de *paix*.

Ce SENTIMENT *nouveau* qui nous anime éclaire notre *intelligence* d'une NOUVELLE lumière, et nous inspire des *actes* NOUVEAUX.

Nous ne sommes plus seulement des hommes *abstraits*, armés d'un *rationalisme* sévère, *pesant* et *mesurant* la vie humaine, *analysant* et *disséquant* le monde passé, présent et futur: nous marchons vers le SACERDOCE de l'avenir, et pour l'atteindre nous devons envisager toutes choses d'un point de vue NOUVEAU.

Certes, si je vous demandais quelle est celle de nos œuvres qui vous paraît la plus *complète*, la plus *achevée*, quelle est celle qui, aux yeux du monde lui-même, semble le plus justifier nos prétentions à la *science*, tous vous répondriez que ce sont nos travaux *historiques* dont je veux parler ; et cependant la voie nouvelle dans laquelle nous nous élevons nous permet de jeter sur l'*histoire* un nouveau coup d'œil, qui nous fera mieux comprendre l'humanité : or, je le répète, je choisis cet exemple pour vous faire sentir, par les progrès que nous avons à faire sous ce rapport, quels sont ceux qui s'ouvrent devant nous dans toutes les directions déjà parcourues.

L'*histoire*, nous ne l'avons envisagée que sous une face, et nous y avons porté le SENTIMENT de *lutte* et de *division* qui était encore en nous.

Et d'abord, il y a deux manières d'*étudier* l'histoire, nous n'en avons employé qu'une seule. L'une est *chronologique*, *mathématique*, selon le TEMPS ; l'autre est *géographique*, *descriptive*, suivant l'ESPACE. La première est la seule que nous ayons suivie jusqu'ici.

Voulions-nous étudier une ÉPOQUE, nous regardions l'humanité comme représentée, à cette époque, par le peuple le plus *avancé* ; le plus *civilisé* ; nous allions même plus loin, nous regardions les SENTIMENS, les *idées* et les *actes* de ce peuple comme résumés dans le GRAND HOMME duquel émanait l'impulsion progressive, de sorte que réellement, au lieu d'étudier l'HUMANITÉ à cette *époque*, nous avions sous les yeux UN SEUL HOMME.

Ainsi nous parlions de la Judée, de la Grèce, de Rome, du moyen âge et des temps modernes, et nous considérions l'histoire de toutes ces époques et de tous ces pays comme étant contenue dans celle de Moïse, d'Orphée et de Socrate, de Numa et des Gracques, de Jésus et des Pères de l'Eglise, de Grégoire VII et de Charlemagne, de Luther et de Bacon, de Voltaire et de Mirabeau.

L'enchaînement des faits historiques nous apparaissait donc alors comme formant, pour ainsi dire, une *ligne droite* dont tous les points auraient été les hommes marquans qui ont présidé aux destinées humaines, chacun d'eux étant un anneau de cette chaîne vivante qui se déroule dans le TEMPS.

Pour concevoir l'autre méthode dont je veux vous parler, supposons qu'à chaque époque marquée par l'apparition d'un grand homme, qu'à chacun des *points* de cette *ligne* de l'histoire, nous nous arrêtions pour jeter un coup d'œil général sur le monde, et que voyant alors l'humanité tout entière, à l'un des âges de sa vie, nous la caractérisions, nous la nommions d'un nom qui renfermât l'expression de son état général de CIVILISATION, d'un nom qui désignât la moyenne de son AMOUR, de son *intelligence* et de sa *force* à cette époque. Voici ce que j'appelle étudier l'histoire *géographiquement* selon l'ESPACE, et non *chronologiquement*, selon le TEMPS, comme nous l'avons fait jusqu'ici; car, je le répète, nous avons coordonné les phénomènes de la vie de l'humanité selon une *ligne droite*, rassemblons-les maintenant dans des *cercles concentriques* grandissant à mesure que la vue de l'homme s'agrandit et s'étend sur la terre.

Pour rendre sensible, par une autre image, cette double manière d'envisager l'humanité, représentez-vous l'histoire comme un cône renversé, qui serait coupé, de distance en distance, par des plans perpendiculaires à son axe. Chacune de ces sections pourrait être considérée comme une des couches successives selon lesquelles s'est produite la formation de l'ÊTRE HUMANITÉ.

L'histoire alors peut être étudiée, soit en se plaçant successivement au *centre* de chacune de ces sections circulaires, soit en parcourant chaque *cercle* séparément, et c'est seulement en combinant HARMONIQUEMENT ces deux points de vue, et en vérifiant les aperçus de l'un par les observations de l'autre, que la science historique sera réellement complétée.

Un ouvrage peut être cité comme application de cette double méthode, c'est l'*Histoire de Charles Quint* par Robertson, précédée d'une introduction dans laquelle la vue se promène, comme en un vaste PANORAMA, sur le monde civilisé : nous n'avons rien écrit sur l'histoire qui ait présenté ce double caractère, et, parmi les objections qui nous ont souvent été faites, il en est une qui signale très clairement notre imperfection sous ce rapport, c'est le reproche qu'on nous adresse sur notre silence relativement à l'Orient.

Ici, rendons hommage encore à notre maître; dans ses travaux sont renfermés les *germes* de tout ce que nous avons fait et de tout ce que nous avons à faire; Saint-Simon, qui maniait avec une puissance et une habileté prodigieuses le DUALISME humain, en métaphysique, en politique, en religion, n'avait pas négligé d'en faire l'application à l'histoire; son intelligence, infatigablement méthodique et sûre, ne s'arrêtait sur un sujet qu'après l'avoir examiné sous ses deux faces, *synthétiquement* et *analytiquement*, *a priori* et *a posteriori*, par *ensemble* et par *détails*, *généralisant* et *particularisant* sans cesse. Aussi justifiait-il l'enchaînement auquel il soumettait les faits du PASSÉ par le spectacle de l'humanité CONTEMPORAINE, montrant dans les diverses civilisations répandues AUJOURD'HUI sur le globe la représentation des divers AGES de l'espèce humaine, depuis la barbarie la plus profonde jusqu'à la plus haute moralité sociale à laquelle l'homme a pu atteindre.

Vous sentirez plus vivement encore la nécessité de ce double point de vue, si vous cherchez à vous rendre compte des avantages et des inconvéniens de la méthode *spéciale*, vraiment *abstraite* et par conséquent *exclusive* et *incomplète* que nous avons employée jusqu'ici dans nos travaux historiques.

Et d'abord nous pouvons nous glorifier d'avoir porté la lumière là où les érudits collectionneurs de faits avaient répandu l'obscurité la plus profonde. Nous avons montré un SENS, une

RAISON, une LOI, là où l'on n'apercevait que *mystère*, *contradiction*, *incompréhensibilité* : nous avons signalé un ORDRE RÉGULIER, là où l'on ne voyait que *chaos* et *confusion*. Nous avons rattaché entre eux, *sans solution de continuité*, les phénomènes humains appartenant à la série de civilisation la plus étendue et la plus puissante qu'il soit donné à l'homme de soumettre à ses observations, et nous avons *expliqué* leur apparition *successive* sur la terre. Ainsi se sont trouvées RELIÉES les traditions sacrées et les traditions profanes concourant à *démontrer* invinciblement la foi au PROGRÈS MORAL, *intellectuel* et *physique* auquel l'humanité est soumise, sa marche constante vers l'ASSOCIATION UNIVERSELLE.

Mais en établissant cette série de termes *successifs*, nous devions nécessairement être entraînés à considérer le développement des trois aspects de la vie humaine, comme ayant été également *successifs* et non *simultanés* ; et en effet cette *abstraction* était nécessaire pour nous *rendre compte* du PROGRÈS ; de même, en étudiant le développement de l'individu, on peut, par *abstraction*, l'observer *comme si* son enfance était consacrée à son développement *physique*, son adolescence à sa culture *intellectuelle*, et enfin sa virilité à l'exercice et au progrès constant de sa vie MORALE. Cette méthode est cependant incomplète : elle l'est pour l'*individu*, elle l'est aussi pour l'*espèce*.

Ainsi, lorsque nous avons dit que les premiers pas de l'HUMANITÉ étaient consacrés à donner la *force* à ses membres, et que, jusqu'à l'apparition du Christ, elle avait été livrée aux appétits de la *chair*, pour se désaltérer ensuite avec ardeur à la source *spirituelle* de l'Évangile, nous avons dit *vrai*, mais nous n'avons pas *tout* dit sur le passé. Et, par exemple, il est résulté de cette appréciation historique que nous avons relativement beaucoup plus *étudié*, dans le moyen âge, le pouvoir *spirituel* que le pouvoir *temporel*, et surtout que nous avons complétement laissé dans l'ombre, à cette époque, l'Orient, comme si alors CHRÉTIENTÉ était synonyme d'HUMANITÉ.

Et cependant, il est bien certain qu'au moyen âge le pouvoir *temporel* développa les appétits *matériels* dans une direction progressive par rapport à l'antiquité ; de plus, l'Église elle-même, sous certains rapports, indirectement sinon directement, aidait le développement de la *chair*, en favorisant par son *esprit* pacifique les progrès du *travail* et de l'*industrie*; enfin il n'existait pas, à la surface de la terre, seulement des chrétiens. mais aussi des mahométans, des Indiens, des Africains, etc.; l'humanité, vue *dans son ensemble*, présente donc un caractère tout différent de celui que nous avons donné par exemple, aux douzième, treizième et quatorzième siècles : pour l'homme qui ne se contente pas de regarder l'Europe avec un microscope et même de n'y voir que Rome, mais qui veut examiner le monde d'un peu haut, avec un œil d'aigle, l'humanité ne presente pas, durant ces trois siècles, une face *mystique* et *contemplative* seulement : alors on exécutait d'immenses travaux *matériels* sur une grande partie du globe ; il y avait des individus, des peuples, des contrées que ces travaux préparaient à l'adoption future de la FOI SAINT-SIMONIENNE, et qui *protestaient* de toute leur existence contre l'éternité promise à la FOI CHRETIENNE. Ainsi les traditions de la chair étaient toujours VIVANTES dans l'humanité ; et si lorsque notre parole de RÉHABILITATION frappe le monde, elle tombe sur lui dans un moment où l'Orient et l'Occident se repoussent encore, un jour viendra où sa puissance RELIGIEUSE fera COMMUNIER, dans une foi vraiment universelle, la CHAIR ardente qui foule la terre du *Midi*, et l'ESPRIT qui s'élève dans les nuages du *Nord*.

Non, ce n'est plus seulement une formule *algébrique* que nous appliquons à l'histoire ; nous ne voulons plus seulement *diviser*, *décomposer*, *analyser*, *disséquer* l'humanité, nous voulons la sentir grandissant dans la vie, toujours UNE, toujours PROGRESSIVE, soumise à UNE ÉTERNELLE destinée dont Saint-Simon lui a donné *conscience*, mais qui fut toujours *instinctive* en elle.

Lorsque, nous dépouillant pour ainsi dire de nos SYMPATHIES, nous avons regardé l'humanité *passée*, et fait sur elle œuvre de *science* et non de RELIGION et de POÉSIE, nous avons divisé les siècles en époques *critiques* et époques *organiques* ; cette division est secondaire ; sans doute elle est très-*rationnelle*, très-commode pour le *calcul* ; mais elle est froide, glaciale, comme le dualisme VIE et MORT, RELIGION et ATHÉISME. De même, lorsque nous avons dit que le passé avait été livré à l'ANTAGONISME, et qu'il présentait le spectacle de la GUERRE entre la *chair* et l'*esprit*, tandis que l'avenir réaliserait progressivement l'ASSOCIATION universelle, l'UNION harmonique de la *chair* et de l'*esprit*, cette division de la destinée humaine était également secondaire, car elle tendrait à faire admettre deux LOIS de développement, contradictoires l'une avec l'autre, deux PRINCIPES distincts, deux DIEUX, l'un *bon*, présidant aux destinées futures, l'autre *mauvais*, ayant pesé sur la vie antérieure de l'humanité. Il n'y a qu'un seul DIEU, une seule RELIGION, une seule LOI ; Dieu INFINI, religion UNIVERSELLE, loi de PROGRÈS.

La LOI c'est l'HARMONIE sans cesse PROGRESSIVE de la *chair* et de l'*esprit*, de l'*industrie* et de la *science*, de l'*Orient* et de l'*Occident*, de la *femme* et de l'*homme*.

Certains, comme nous le sommes, d'avoir *prouvé*, d'avoir *démontré* aux esprits les plus rigoureux la perfectibilité humaine, l'amélioration constante, sous le rapport MORAL, *physique et intellectuel*, de tout ce qui a vécu de notre vie d'hommes, nous devons reporter sur le *passé*, comme nous l'avons annoncé pour l'*avenir*, comme nous le montrons de plus en plus dans notre vie PRÉSENTE, ce caractère de *bienveillance*, de *justice*, de RELIGION pour TOUS, qui nous permet d'adresser à TOUS la parole UNIVERSELLE, par laquelle la conversion de TOUS doit être accomplie.

L'humanité n'a pas été tantôt RELIGIEUSE, tantôt IRRÉLIGIEUSE, DIEU fut toujours avec elle et pour elle : car DIEU est tout ce qui EST, FUT et SERA ; je le répète, elle n'est point soumise à deux LOIS, loi de GUERRE et loi de PAIX ; sa LOI c'est le PROGRÈS. Nous ne sommes plus sous l'empire de la foi antique aux *deux principes* éternellement ennemis, ni sous celui de la foi chrétienne qui annonçait le triomphe définitif de DIEU sur *l'esprit des ténèbres ;* c'est à nous à *juger*, à *rectifier* les croyances du passé, nous sommes PRÊTRES selon la révélation définitive et universelle qui nous commande d'HARMONISER en tous *lieux*, en tous *temps*, les deux aspects de la vie humaine.

Déjà je vous ai dit que le prêtre avait pour mission de déterminer à chaque époque de la civilisation la distance qui doit exister entre l'un des aspects de la vie et l'autre ; de telle manière que si cette distance est plus petite ou plus grande qu'il ne le faudrait pour que la relation soit normale, il y a désordre, antagonisme, désassociation. Aujourd'hui nous avons CONSCIENCE que c'est là l'œuvre du PRÊTRE, l'œuvre SAINTE, DIVINE, RELIGIEUSE ; l'humanité pourra donc, dès à présent, se développer selon une *règle* fixe, qui sera l'expression du *fait* qu'elle accomplira ; le *droit* et le *fait* seront vivans dans LA PERSONNE DU PRÊTRE : ce sont les deux faces de sa vie.

Eh bien ! le PRÊTRE du passé a toujours fait, *instinctivement* il est vrai, et sans *conscience* du caractère Saint-Simonien de son œuvre, ce que je viens de dire du prêtre de l'avenir. Il a toujours cherché, selon les nécessités du *temps* et les exigences du *lieu*, à mettre entre les *deux natures* une distance SENTIE par lui comme étant convenable aux progrès de l'humanité ; il l'a toujours établie, soit à la manière chrétienne, entre le profane et le sacré, les réprouvés et les élus, soit à la manière antique entre le maître et l'esclave, le citoyen et l'étranger.

Sans contredit les formes sous lesquelles les deux natures se sont manifestées dans le passé étaient, relativement à l'avenir, des formes brutales et barbares ; mais s'il est bon de distinguer l'avenir du passé, en montrant dans le premier l'ASSOCIATION, et dans le second la lutte et l'ANTAGONISME, il ne faut pourtant pas oublier que dans le passé il y eut aussi ASSO-

CIATION, et association CROISSANTE, et que dans l'avenir la LUTTE existera encore, car l'humanité est PROGRESSIVE, mais elle est *finie*, et par conséquent *imparfaite*. Or comment exprimer, dans le passé et dans l'avenir, le *mal* et le *bien*, le *vice* et la *vertu*, l'*antagonisme* et l'*association*? c'est en signalant partout les efforts PROGRESSIFS, c'est à-dire en montrant comment les deux natures ont été dans des relations telles que leur ASSOCIATION est devenue de plus en plus complete et intime. Nous n'avons point encore écrit l'histoire sous l'influence de cette inspiration d'HARMONIE; nous avons fait, au contraire, tout ce que nous avons pu pour *détacher*, par la *pensée*, tous les faits relatifs au développement de la *chair* de ceux qui manifestent le progrès de l'*esprit*, reléguant les premiers dans l'antiquité, les autres dans le moyen âge, tandis que l'humanité, l'humanité *tout entière*, et non *une portion* de l'humanité, se developpait *simultanément*, à chacune de ces époques, selon la *chair* et selon l'*esprit*.

De ce point de vue, la fondation du mahométisme, et la lutte des heresies chrétiennes qui l'ont précédée, et les croisades qui l'ont suivie, et l'influence du contact de la science arabe avec la théologie chrétienne, sont des faits qui apparaissent avec une importance prodigieuse, et qui pourtant ont été et ont dû être jusqu'ici négligés par nous. Plus tard encore, la decouverte de l'Amérique, les envahissemens des Anglais dans l'Inde, la lutte des czars avec Constantinople et la Perse, la campagne d'Égypte, et la prise d'Alger elle-même, toutes ces communions par le sang entre l'*esprit* et la *chair* des hommes manifesteront hautement la loi providentielle qui promet à l'humanité l'association universelle.

Toutes ces *indications* que je vous donne (et remarquez que je dis *indications*) vous ouvrent des voies dans lesquelles je désire que vous vous engagiez; tout ce que nous avons fait jusqu'ici doit se développer et revêtir des formes nouvelles. Philosophie, économie politique, histoire, tout doit être modifié, transfiguré, transformé par le nouveau point de vue, le point de vie RELIGIEUX et *pratique* où nous sommes placés aujourd'hui.

Ainsi, déjà vous avez conscience que notre langage politique doit être différent de celui que nous avons parlé jusqu'ici : il est impossible que ce caractère de bienveillance, d'appel à tous, d'attraction, de religieuse impartialité que nous apportons dans la politique *actuelle*, nous ne le portions pas également dans la politique du *passé*, c'est-à-dire dans l'histoire. Jusqu'à présent nous y avons vu et signalé presque exclusivement la *lutte* et la *guerre*, nous devons montrer surtout l'ASSOCIATION grandissant toujours entre le maître et l'esclave, entre l'homme et la femme. Nous avons fait comme le physiologiste qui veut étudier l'homme, et qui n'a sous les yeux qu'un cadavre; l'humanité, nous l'avons tuée, notre histoire est sans vie, sans poésie; elle est froide comme la règle et le compas, c'est du *nombre* et de la *matière*; notre humanité c'est de la *chair* jusqu'à Jésus, c'est de l'*esprit* jusqu'à nous. il n'y a point là d'AMOUR, il n'y a pas de cœur d'homme, de cœur de PRÊTRE, Dieu n'y est point encore, la GENÈSE nouvelle n'est point enfantée.

Lorsque, dans le collége, j'ai posé les termes des relations MORALES de l'avenir, telles qu'elles pourraient être conçues en l'absence de la *femme*, quelques personnes ont cru, par un aveuglement remarquable, que ces idees nouvelles nécessitaient la *rectification* et la *condamnation* même de tout ce que nous avons enseigné jusqu'ici de notre dogme. Cet aveuglement s'explique, si l'on observe l'enchaînement *logique* qui existe entre les idées MORALES nouvelles et toutes les formes antérieures du dogme Saint Simonien. L'alliance des *deux natures* dans l'ordre MORAL, leur UNION HARMONIQUE, leur ASSOCIATION RELIGIEUSE, étaient si évidemment la continuation de tout ce que nous avons dit dans l'ordre *métaphysique*, *théologique* et *politique*, que l'erreur de ces personnes est naturelle; repoussant les conséquences, elles remontaient au principe : aussi avons-nous vu se vérifier dans le collége ce que j'avais annoncé qui s'y passerait. J'avais dit à tous ceux qui contestaient les bases de la morale nouvelle, posées par moi, qu'il me serait facile de les conduire, sous le rapport *dogmatique* à l'HÉRÉSIE, sous le rapport *pratique* à l'IMPUISSANCE.

En effet, quelques-uns ont eu la faiblesse de rapporter au milieu de nous les questions suivantes, depuis si long-temps et si souvent jugées; savoir: si l'*esprit* n'était pas supérieur à la *chair*, et ne devrait pas toujours PRÉSIDER à son action et la gouverner, si la *femme* n'aurait pas éternellement besoin de la TUTÈLE de l'*homme*; si l'*abnégation* n'était pas plus méritoire que la *personnalité*, etc., etc. D'autres ont eu le courage de penser et de dire que, puisque nous nous occupions de la *recherche* de la LOI MORALE DÉFINITIVE, dans une pareille situation, tous les efforts de conversions nouvelles devraient être suspendus; que nous devrions cesser d'appeler à nous, pour consacrer leur VIE entière à notre apostolat, des hommes auxquels nous ne pourrions pas enseigner la LOI MORALE DÉFINITIVE; qu'il fallait nous abstenir de tout acte qui aurait pour résultat d'engager des hommes à participer, même par leur fortune seulement, à notre œuvre sainte; enfin que nous devions nous *séparer*, *dissoudre* notre association, entrer en *liquidation*, comme s'il s'agissait pour nous d'une affaire de commerce.

Maintenant vous comprenez que nous n'avons pas à renier, à changer, à condamner notre passé; que le *dogme trinaire* posé par Saint-Simon a été régulièrement développé par nous; que toutes ses transformations sont rigoureusement enchaînées; et que si nous sommes arrivés à la phase apostolique dans laquelle l'une des faces de la vie individuelle et sociale doit être plus particulièrement en évidence, cette phase était depuis long-temps prévue et annoncée par nous.

Encore quelques mots sur notre situation actuelle, sur le caractère nouveau que nous avons revêtu dans cette évolution intérieure.

Vous devez voir déjà, et vous reconnaîtrez mieux encore par les *enseignemens* qui vont suivre, que mon intention n'est pas de laisser le *dogme* dans un oubli complet. Je vous recommande au contraire la lecture de nos travaux antérieurs, et particulièrement de ceux de notre maître qui sont relatifs à l'*industrie*; beaucoup d'entre vous les connaissent à peine. Cette obscurité, cette éclipse momentanée du *dogme*, dont j'ai souvent parlé, est plutôt relative à notre manifestation *extérieure* qu'à notre vie *intérieure*; car vous avez tous besoin de donner à votre *science* une forme NOUVELLE, pour agir sur le monde comme il convient AUJOURD'HUI. Il y a plus, de hauts problèmes qui n'ont pu se présenter à nous jusqu'ici que comme s'ils étaient seulement des questions de *théologie* vont nécessairement, dans la phase où nous entrons, prendre un caractère de *réalité* VIVANTE; en *songeant* beaucoup moins à leur solution, nous nous en rapprocherons toutefois chaque jour davantage par la *pratique*; c'est par nos *actes*, c'est par l'influence des *scènes* animées, des *drames* puissans comme ceux que vous avez maintenant sous les yeux, et dont vous êtes *acteurs* vous-mêmes; c'est par la *réalisation* de notre FOI avec tout son enthousiasme et toute sa sainteté, que nous sentirons en nous la VIE nouvelle, VIE de PROGRÈS, qui nous LIE au *passé* et à l'*avenir*; VIE d'AMOUR, qui nous RATTACHE dans le PRÉSENT aux générations *passées* et à celles que nous *enfantons*; VIE sans limites, indéfinie, divine, qui comprend à la fois tous les souvenirs de notre VIE ANTÉRIEURE et toutes les espérances de notre VIE FUTURE.

Chers enfans, parce que nous allons nous occuper spécialemement de l'*industrie*, du *culte* et des *femmes*, ils vont nous accuser de nous plonger dans un grossier *matérialisme*; ils diront que nous sommes retournés à l'*idolâtrie*, au *fétichisme*, que nous encensons le *veau d'or*; pour nous combattre, tous se feront *chrétiens*, tous s'écrieront que nous sommes retombés du *ciel*, foudroyés, écrasés sur cette *terre* de boue, car ils ignorent la gloire de l'*industrie* affranchie, les pompes du *culte* nouveau, la tendresse et la puissance de la *femme* ÉGALE de l'*homme*. Pour les convaincre d'IMPIÉTÉ, d'*ignorance* et d'*impuissance*, nous avons de grandes choses à faire; déjà nous avons posé nos mains d'apôtres sur les INSTRUMENS VIVANS de l'*industrie*, déjà un grand nombre d'OUVRIERS nous ont salués du nom de pères; mais jusqu'ici nous ne les avons approchés qu'avec défiance dans nos propres forces; jusqu'ici nous n'avons été pour eux que des *docteurs* PHILANTROPES, nous ne les avons pas fait vivre de notre vie Saint-Simonienne.

Oui, l'œuvre que nous accomplissons aujourd'hui est une œuvre de *matière*, une œuvre d'*industrie;* c'est la *chair* que nous réhabilitons, que nous sanctifions; mais rappelez-vous ce qu'a dit Eugène : *le feu sacré de l'enthousiasme ne s'allume point au chétif foyer de la philantropie.* Certes, nous avons bien fait d'entrer dans la chambre de l'ouvrier, de l'en tirer, de l'associer avec ses frères; nous faisons bien encore de fonder des ateliers, de veiller à l'amélioration du sort moral, intellectuel et physique de ces enfans qui viennent à nous; mais nous abdiquerions la mission que SAINT-SIMON nous a donnée, et nous mériterions presque les accusations qui seront lancées contre nous, si nous réduisions le temple nouveau aux mesquines proportions d'une caserne ou plutôt d'un hospice. Ce ne sont point des *secours* que la classe la plus pauvre et la plus nombreuse attend des fils de SAINT-SIMON; elle veut une VIE NOUVELLE TOUT ENTIÈRE, une vie de religion et de poésie; il lui faut du grand, de la gloire; il lui faut des artistes qui l'exaltent et qui l'entraînent; l'ouvrier veut des fêtes; l'oisif en paie encore, mais n'en inspire plus; ce n'est pas seulement de l'*industrie* que nous faisons, c'est du *culte;* l'*utile* ne nous suffit plus, nous voulons du *beau*; nous sommes entrés chez les travailleurs en leur demandant le partage de leurs souffrances et de leurs larmes; mais n'oublions pas que pour qu'ils voient en nous autre chose que des aumôniers du Christ, nous devons leur apporter un glorieux, un joyeux enthousiasme, et le répandre avec eux et par eux sur toute la terre.

TROISIÈME ENSEIGNEMENT.

2 DÉCEMBRE 1831.

L'AUTORITÉ ET LA LIBERTÉ — LA LOI VIVANTE.

Lorsque nous avons présenté le dogme Saint-Simonien sous sa forme *métaphysique*, nous avons rencontré souvent des objections et soutenu des discussions ; mais ces débats sur l'INFINI, manifesté dans le *fini* par le *moi* et le *non moi*, n'ont puissance d'intéresser qu'un petit nombre d'esprits philosophiques : aussi n'excitent-ils que très-faiblement les sympathies de ceux même qui s'y livrent. Il n'en est point ainsi lorsqu'on émet une pensée sur ces mots : AUTORITÉ, LIBERTÉ ; là, toutes les passions politiques sont en jeu ; et comme chacun d'ailleurs se pique de *raisonner* sur la politique, et prétend avoir sur un si grave sujet sa *théorie*, son *système* ; les débats sont plus animés, il s'agit d'une question VIVANTE. Lorsque nous aborderons la MORALE nous rencontrerons des difficultés semblables et plus grandes encore : car, dans l'état d'ÉGOÏSME où le monde est plongé, on s'expose plus encore à soulever contre soi les passions, lorsqu'on aborde les questions relatives à la vie INDIVIDUELLE, que lorsqu'on touche aux problèmes SOCIAUX.

Aujourd'hui nous allons parler de l'AUTORITÉ et de la LIBERTÉ, et nous dirons aussi ce qu'il faut entendre par LA LOI VIVANTE.

Pendant un long développement de la doctrine, nous avons trouvé dans de MAISTRE et dans les Pères de l'Église à peu près tout ce que nous avons *enseigné* et même *pratiqué* sur l'AUTORITÉ et la LIBERTÉ. La HIÉRARCHIE a été pour nous un *fait* DÉMONTRÉ, *une nécessité* LOGIQUE, un objet d'UTILITÉ. Il nous a été facile, sur le terrain de l'unité, de *combattre* toutes les idées du protestantisme, et de *juger* tous les phénomènes humains qui se rattachaient à l'Église chrétienne et à la critique de l'Église chrétienne. Il nous a même été possible de les *juger* avec plus de rigueur que de MAISTRE n'avait pu le faire, puisque aujourd'hui nous avons conscience de leur *valeur*, et que seuls nous sommes capables de les *apprécier*.

Jusqu'au moment où j'ai écrit la lettre à Duveyrier sur le CALME, la hiérarchie n'étant point fondée, vous ne pouviez sentir son caractère VIVANT et AIMANT, et il était naturel qu'elle ne fût pour vous qu'un *fait d'utilité*, qu'une *nécessité logique*. Tout ce que nous pouvions désirer, c'était qu'en sortant de l'époque critique dans laquelle nous avons, en quelque sorte, été pétris, nous pussions passer de la critique de *toute* AUTORITÉ à l'adoption, par NECESSITÉ, d'une AUTORITÉ *nouvelle*.

Écoutez ce que je vous disais alors dans ma lettre à Charles Duveyrier sur le CALME :

Juin 1830.

« Vous n'avez pas encore bien compris, cher fils, cette fa-
» meuse soirée qui vous a tant bouleversé, cette nuit où je
» disais en parlant de nous tous: « Nous ne nous aimons
» pas! » Et cependant la parole a germé! mon air sombre se
» déride peu à peu. L'amour que j'appelais circule dans les
» membres de la famille Saint-Simonienne, les échauffe et les
» unit chaque jour davantage. Tout ceci s'est fait, pour ainsi
» dire, *à votre insu*. Vous n'avez pas compris que c'était parce
» que j'étais mécontent, ou plutôt parce que je n'étais pas
» content, que vous avez *tous* fait ce qu'il fallait pour me
» contenter. Je vous ai paru triste; vous avez voulu, *sans sa-
» voir pourquoi*, me rendre joyeux, et vous avez bien fait. Au-
» jourd'hui vous me voyez CALME en présence de vos joies crois-
» santes, et vous voudriez me rendre *enthousiaste*. Eh bien! non;
» laissez-moi désirer encore, laissez-moi désirer toujours,
» car je veux vous faire marcher; laissez-moi désirer plus que
» vous tous, car je suis VOTRE PÈRE.

» Je suis CALME aujourd'hui, parce que les femmes ne
» marchent pas encore à côté de nous; je suis calme, parce
» que je suis encore *vous* pour Bazard, et qu'il est *vous* pour
» moi; je suis calme, parce qu'une sœur ne me tutoie pas,
» parce qu'à peine si je puis embrasser une fille, parce que
» Barrault travaille comme un forçat, parce que Margerin
» nous voit à peine, parce que Fillassier aime Lavigne comme
» il m'aimera un jour, parce que tous mes fils m'aimeront plus
» qu'Holstein ne m'aime, parce qu'aucun de vous n'a encore
» vraiment de père, de mère, parce que mon frère Auguste
» n'est pas encore là, revêtu des formes Saint-Simoniennes,
» parce qu'Eugène n'embrasse pas Olinde et ses sœurs; enfin,

» parce que je désire un monde dont celui qui m'entoure est
» me annonce, et qui ne se réalisera que si nous le désirons,
» Bazard et moi, plus que vous tous.

» Mon père, direz-vous, cher Charles, ne marchons-
» nous pas? — Oui, nous marchons; et qui donc en jouirait
» plus que ceux qui vous font marcher?

» Mais avez-vous bien songé que nous n'avons, Bazard et
» moi, personne au-dessus de nous, personne, que celui
» qui est toujours *calme*, parce qu'il est l'éternel amour?
» Comme NOUS, *vous* rendez tous à Dieu des actions de
» grâces; mais quelle est la manifestation humaine de Dieu
» que NOUS pouvons, comme *vous*, bénir? à quel homme di-
» rons-nous: Mon père, je vous aime! Quelle bouche s'ap-
» puiera sur notre front, et nous dira: Mon fils, je t'aime!
» Grand Dieu! tu as donc voulu que celui qui gouverne les
» hommes, que celui qui ne relève que de toi, qui n'a de
» père que toi, s'initiât au CALME de ton éternel amour!
» tu as voulu que lui seul pût t'AIMER, *te connaître*, *te voir en*
» *tous les hommes*, comme tu peux L'AIMER, *te connaître*, *te*
» *sentir*, *dans tout ce qui est!* Tu as voulu que, n'obéissant
» qu'à toi, son amour *descendît*, comme le tien, sur tous, et
» ne *remontât*, comme le tien, qu'à toi-même. Tu as voulu
» que le père des hommes fût pour les hommes ce que tu es
» pour *l'univers*, l'ame, la vie d'un monde!

» Mon fils, voilà *pourquoi* mon CALME, qui vous intrigue,
» augmente, sans que vous sachiez pourquoi, votre AMOUR.
» Mais il faut qu'il cesse de vous intriguer, de vous causer du
» malaise; il faut que vous *sachiez* y lire clairement l'amour,
» et non l'indifférence; pour cela, notre *science* vient vous
» éclairer, notre *verbe* vient vous révéler le mystère de *notre*
» amour; c'est celui de *votre* vie.

» Qu'un sourire de votre père soit aussi puissant sur vous
» que tous les concerts de joie de l'humanité; car ce sourire
» les annonce, il les fait naître. C'est lui qui, par vous et
» par vos fils, se répétera sur toute la terre!

» Ce peuple, mer immense, qu'une pierre, tombée de » haut, remue dans sa surface, dans toute sa profondeur; ce » Jupiter, dont les païens ont dit: *Nutu tremefecit Olympum*, » voilà ce que le pape Saint-Simonien doit SENTIR, doit *sa-* » *voir*, doit *exprimer*.

» Que feriez-vous, enfans de SAINT-SIMON, si vos pères » étaient comme vous, s'ils vous embrassaient chaque fois » que vous vous jetez dans leurs bras, plus souvent même, » car ils aiment plus que vous? Que deviendriez-vous si Dieu » ne leur avait pas donné puissance de maîtriser *en eux-mêmes* ce » que personne *hors d'eux* ne saurait gouverner? Vous n'avez » pas à craindre les écarts de votre amour, vos pères sont là; » mais les arrêterez-vous, vos pères, s'ils ne posent eux- » mêmes la barrière qu'ils ne doivent pas franchir? ne faut-il » pas qu'ils portent le CALME à celui que la *joie* enivre, le » CALME à celui que le *désespoir* accable?

» Que deviendriez-vous si ceux qui n'ont *que* des fils ne » vous rappelaient pas sans cesse que c'est vers vos *fils* SUR- » TOUT que vous devez diriger votre amour? Vous iriez vous » perdre dans le sein qui vous ATTIRE, oubliant que vous ne » pouvez y être reçus qu'en ATTIRANT à vous ceux qui en sont » plus éloignés. Instrumens de l'amour divin, FILS, *remontez* » *vers vos pères*; PÈRES, *descendez chez vos fils*. Nous saurons » vous imprimer ce *double* mouvement, qui constitue la VIE » SAINT-SIMONIENNE; c'est pour cela que Dieu n'a pas di- » visé notre amour; c'est pour cela que notre amour est *un* » comme le sien même; c'est pour cela qu'en nous est la » source commune où vous puisez tous le vôtre, qu'en nous » est la *force initiale* qui vous fait agir, mais que votre fai- » blesse vous oblige à décomposer en *deux* forces que nous » devons à chaque instant *harmoniser* en les rappelant à un » même but, au but unique de notre vie, l'élévation morale, » physique et intellectuelle du pauvre: or, pour nous, IL N'Y » A QUE DES PAUVRES.

» Mon fils, votre cœur est gros d'avenir; vous travaillez,

» vous voulez écrire l'histoire de l'humanité, du monde, et
» chanter leurs espérances. L'hymne, le poëme se pressent
» pour sortir de votre bouche; mais dans la crainte de ne
» pouvoir accomplir tout ce que vous désirez, vous me dites:
» Ces projets aboutiront peut-être à vous adresser une *simple*
» lettre.

» Une *simple* lettre!.... Elle ne me sera pas adressée. Votre
» lettre à Bordillon est bien belle, mais c'est une simple lettre,
» elle est adressée à Bordillon. Lorsque vous saurez parler à
» MOÏSE, à JÉSUS, à SAINT-SIMON, Bazard et moi rece-
» vrons vos paroles; elles nous seront vraiment *adressées*.

» Votre père a dit. — Vous pouvez parler. »

Cettre lettre a été peu SENTIE, elle ne l'est pas bien encore; mais elle le sera chaque jour davantage. Et même tout notre développement RELIGIEUX peut être ainsi résumé : *l'intelligence de cette lettre*. Depuis le jour où un homme, sous l'influence de la foi Saint-Simonienne, a pu écrire ce que j'ai écrit dans cette lettre, depuis ce jour il y a eu vraiment un CHEF RELIGIEUX dans la société, dans la famille Saint-Simonienne.

Dimanche, je vous rappelais, en parlant du christianisme, que les premiers disciples du Christ, les évangélistes, et même les premiers Pères de l'Eglise, faisaient naître en vous une admiration beaucoup plus grande, je dirai plus, une sympathie beaucoup plus vive, que celle qui existe jusqu'à présent de vous à moi et entre vous. Aussi le monde prétend-il que nous ne sommes pas RELIGIEUX, et cependant nous prétendons, nous, apporter au monde une NOUVELLE RELIGION; nous, plus encore que les chrétiens, nous venons dire: la RELIGION consiste à RELIER les hommes entre eux et l'humanité au monde. Il semble dès lors que le LIEN qui existe entre nous devrait apparaître plus VIVANT qu'il n'est apparu entre les chrétiens, et que nous-mêmes nous devrions sentir ce LIEN d'une manière beaucoup plus VIVE que nous ne le sentons.

Nous avons la foi que lorsque l'humanité doit accomplir de *grandes choses*, ce sont de *grands hommes* qui les accomplissent.

Quand nous ouvrons un livre, et que nous y voyons les noms de GREGOIRE VII, de CHARLEMAGNE, de NAPOLÉON, nous éprouvons soudain un sentiment que la doctrine ne peut encore nous inspirer. Le provoquer, ce sentiment, par les réflexions que je fais en ce moment, je le sais, cela ne suffit pas. Le provoquer en disant : nous serons grands *un jour*, et l'humanité nous bénira ; c'est un espoir, mais la réalité n'est pas là !... Et cependant j'ai besoin de vous dire ce que je sens en moi, parce que vous y puiserez la révélation des désirs que je forme pour vous.

Or dimanche vous avez eu un témoignage éclatant de ma foi dans la mission que Dieu m'a confiée; dimanche, en présence des *protestations* faites contre mon AUTORITÉ, vous avez SENTI cette AUTORITÉ, et vous m'avez nommé, avec plus d'amour que jamais, votre PÈRE SUPRÊME; dimanche était le premier jour de la *pratique* de notre VIE RELIGIEUSE, comme ma lettre sur le CALME en était la première expression *théorique*.

Un homme, seul, dans la méditation de sa vie intérieure, enfermé dans son cabinet, a CRU ! et il a *écrit*. Le même homme, voyant un peuple devant lui, a CRU ! et il a *parlé*.

La même FOI qui lui faisait dire à son fils : je ne t'écouterai que lorsque tu sauras parler à MOÏSE, à JÉSUS et à SAINT-SIMON, l'animait dimanche, au milieu de vous, et devant une nombreuse assemblée.

Là est le mystère de l'AUTORITÉ et de l'*obéissance*, de la LIBERTÉ et de la *dépendance*.

MOÏSE, JÉSUS, SAINT-SIMON, ce sont trois LOIS VIVANTES ; le caractère *différent* de l'AUTORITÉ exercée au nom de ces trois révélateurs résulte de la mission *différente* de chacun d'eux ; mais pour tous trois existe le même principe individuel, social et religieux d'AUTORITÉ.

Chacun d'eux est un *verbe incarné*, une *intelligence* manifestée par des *actes*, un AMOUR nouveau qui vient donner au monde, suivant le *temps* et suivant le *lieu*, la REVELATION de sa religieuse destinée.

Les successeurs de MOÏSE et de JÉSUS ont eu AUTORITÉ LÉGITIME, tant que l'humanité a eu besoin de la RÉVÉLATION juive et de la RÉVÉLATION chrétienne ; celle de SAINT-SIMON est définitive, car c'est la RÉVÉLATION du PROGRÈS.

Chacune de ces trois LOIS VIVANTES a eu et aura sa *loi écrite*. Les juifs ont eu leur *Bible* et les chrétiens leur *Évangile* ; et nous, hommes du PROGRÈS, nous avons un livre *ouvert* par SAINT-SIMON, *continué* par nous, où va être *inscrit* tout ce que je *dis* au milieu de vous, et qui ne se *fermera* qu'au jour où les destinées humaines seront accomplies.

L'AUTORITÉ s'est toujours exercée selon des *engagemens* pris, selon des *sermens* faits par le chef, selon SA *loi écrite*; mais déjà, avant nous, cette distinction entre la LOI VIVANTE et la *loi écrite*, entre le LÉGISLATEUR et son *code*, avait été sentie. Les chrétiens ont bien su distinguer la *lettre morte* de la *lettre vivante*, ou, comme ils le disaient, la *lettre* de l'ESPRIT, car l'*esprit* seul, pour eux, était la VIE. Le moment où il n'existe plus qu'un *texte*, où les hommes qui GOUVERNENT ne sont plus que des *commentateurs* et non des CONTINUATEURS, des AJOUTEURS, des DÉVELOPPEURS de ce texte, ce moment est celui du *protestantisme*, sous quelque forme qu'il se présente, soit dans la *réforme* chrétienne, soit dans les *sectes* juives avant la venue de JÉSUS, soit aussi chez ceux de nos *dissidens* qui veulent aujourd'hui remonter jusqu'aux œuvres de notre maître, comme s'il n'avait transmis sa vie qu'à la presse, et qui prétendent être fidèles à la *doctrine*, en s'éloignant de l'ASSOCIATION D'HOMMES dans laquelle cette *doctrine* s'est *incarnée*.

La LOI VIVANTE, l'autorité du chef, est un principe éternel pour l'humanité, principe qui se manifeste d'une manière diverse, selon les différens besoins des hommes; et toutefois, jusqu'ici, jusqu'au moment où la conscience humaine est fixée sur la foi au PROGRÈS, la LOI VIVANTE n'a pu, n'a dû avoir, dans l'opinion des hommes, qu'une valeur secondaire, qu'un caractère inférieur à celui de la *loi écrite* : aussi l'*arbitraire*, le *despotisme* ont-ils été des titres donnés justement à l'AUTORITÉ, à toutes les époques et dans tous les lieux où, avant SAINT-SIMON, le chef a prétendu que SA VOLONTÉ fût la LOI SUPRÊME.

La VOLONTÉ du chef ne peut en effet recevoir son caractère de légitimité que par notre dogme; l'humanité repoussera un jour comme absurde le principe mystique suivant lequel le *législateur* semble être le fils de la LOI, lui qui en est le créateur; en même temps elle ne redoutera plus l'arbitraire du pouvoir; c'est qu'alors il n'existera plus parmi les hommes des maîtres et des esclaves, et dans l'univers deux principes ennemis, Dieu et Satan; c'est qu'alors toutes les *individualités* seront sanctifiées, et que le respect de l'homme pour l'homme sera consacré pour toute la hiérarchie sociale. L'AUTORITÉ revêt un caractère entièrement neuf, du jour où le chef SENT, *sait* et *prouve* que tout ce qui porte figure humaine A LA MÊME DESTINÉE QUE LUI; du jour où le chef SENT, *sait* et *prouve* que TOUS *sont appelés* et que TOUS *seront élus*; car devant cette foi nouvelle tombent l'*esclavage* et le *despotisme*; devant elle l'*exploitation de l'homme par l'homme* cesse, pour faire place au désir d'améliorer le sort de celui qui MORALEMENT, *physiquement* et *intellectuellement*, a le plus besoin d'élévation.

Dans toutes les sociétés anciennes, l'humanité étant divisée en citoyens et ennemis, en maîtres et esclaves, en sacrés et profanes, en élus et réprouvés, toutes les relations humaines ont dû être empreintes d'un caractère que repousse l'avenir; le chef exerçait un despotisme violent ou frauduleux, l'inférieur était servile ou révolté. Le païen courbé dans la poussière devant son maître armé, le chrétien agenouillé devant le ministre du Dieu de paix, n'ont pas connu l'OBÉISSANCE de l'avenir; et le roi et le pontife n'ont rien su de l'AUTORITÉ nouvelle.

Aujourd'hui, en présence d'une société qui n'a, contre toute AUTORITÉ, que des habitudes de *révolte*, légitimes d'ailleurs, puisqu'il n'y a d'AUTORITÉ connue que l'*absolutisme* de CÉSAR et l'*infaillibilité* PAPALE, tous les efforts seraient vains pour ressusciter l'OBÉISSANCE ancienne. A la hiérarchie de la *contrainte*, à celle de la *ruse*, doit succéder la hiérarchie d'AMOUR, qui réveillera dans le cœur de l'homme un sentiment dont il semble depuis long-temps privé et qui sommeille, celui de la RECONNAISSANCE du faible pour le fort qui le protége, de l'ignorant pour le savant qui l'éclaire, de tout être vivant pour celui qui échauffe son âme. Alors la hiérarchie ne paraîtra pas seulement un fait *nécessaire* ou un fait *utile*; en elle sera la VIE sociale, le lien SYMPATHIQUE qui UNIT tous les membres d'un même corps, qui les fait COMMUNIER dans une seule VOLONTÉ, dans un même AMOUR. Alors l'OBÉISSANCE RELIGIEUSE de l'inférieur éclipsera tout ce qu'il y avait de grandeur et de puissance dans la SOUMISSION du passé : la caste de l'antiquité, le patriciat, la noblesse féodale, pâliront devant le *patronage* de la CAPACITÉ.

Selon notre foi, l'INFERIEUR sent que tout ce qui ne vient pas de *lui*, tout ce qui ne vient pas de *sa spontanéité propre*, de sa *virtualité native*, lui est PARTICULIÈREMENT inspiré par son SUPÉRIEUR : je dis PARTICULIÈREMENT, afin de bien faire comprendre comment ce sentiment ne doit jamais être *absolu*, *exclusif*, car il conduirait au rétablissement de la CASTE. Selon notre foi, chacun sent que la condition *générale* de son élévation, c'est la place qu'il occupe dans la *société entière*, et que cependant la condition *spéciale* de cette élévation, c'est l'amour *particulier* du chef de sa fonction pour lui, c'est le patronage de l'homme qui lui transmet à chaque instant sa vie.

Mais avant de développer les conséquences de cette foi NOUVELLE dans une AUTORITÉ qui n'a pas d'exemple dans le passé, avant de vous faire sentir la LOI VIVANTE, selon l'ordre Saint-Simonien, j'ai besoin de fixer un instant votre attention sur la *loi écrite*.

Le chef exprime ce qu'il VEUT, ce qu'il DÉSIRE de *tous* et de *chacun*; voici sa RÉVÉLATION. SAINT-SIMON est venu, il a proclamé la sienne, et nous sommes allés à lui, parce qu'il nous disait ce qu'il VOULAIT, ce qu'il AIMAIT. Cette révélation faite à tous et à chacun par le chef, c'est la LOI; et c'est en même temps une *promesse* faite par le chef à l'égard de tous, car cette LOI, le chef lui-même SE *l'impose :* je dis qu'il SE *l'impose*, pour qu'on sente bien que je laisse de côté tous les dogmes *représentatifs* du gouvernement *parlementaire*. Cette LOI est sacrée pour le LÉGISLATEUR, jusqu'au progrès nouveau qu'il accomplit ou qu'il fait accomplir, en modifiant *lui-même* la LOI.

La promulgation d'une LOI nouvelle, c'est l'annonce à l'humanité d'une VOLONTÉ nouvelle du supérieur : il ajoute ainsi une page à la *loi écrite*, et à chaque instant cette parole *écrite* est une garantie pour le fidèle; c'est un *engagement* pris à son égard par le supérieur, de *juger*, selon une *règle* réciproquement convenue, posée par l'un et adoptée par l'autre, les actes de tous; c'est le *catéchisme* éternellement progressif, base sur laquelle la *justice* humaine s'appuie pour *apprécier* la MORALITÉ des *pensées* et des *actes* de l'inférieur et du supérieur lui-même, car celui-ci n'est point INFAILLIBLE.

J'ai prononcé ce grand mot de JUSTICE: je vais dire ce que seront le JUGE et la JUSTICE dans l'avenir.

Le PRÊTRE n'est pas le *juge*. Le *juge* est l'homme qui *analyse* la vie humaine.

Le prêtre SENT qu'un fidèle est dans une position vertueuse ou vicieuse, lorsque son AMOUR pour lui augmente ou diminue. Il SENT cette position, et il l'exprime à sa manière, c'est-à-dire d'une manière PASSIONNÉE, remettant au *juge* le soin d'*analyser*, de *diviser* la VIE du fidèle, et de faire la part du *bien* et du *mal*, pour celui qui s'*élève*, de même que pour celui qui *faillit*.

Prononcé par le *juge*, l'arrêt est EXÉCUTÉ par celui qui punit et récompense, par celui qui APPLIQUE la LOI.

Telles sont les trois formes de la justice VIVANTE, *écrite*, *exécutive*. Et ce sont aussi trois modes de l'EDUCATION humaine : le SENTIMENT du prêtre, l'*arrêt* du juge, et l'*acte* de l'exécuteur, sont les trois formes sous lesquelles l'humanité reçoit ses *enseignemens* les plus élevés : car c'est ainsi que chacun reçoit un NOM, un *rang* et une *attribution* dans l'ordre social.

Le *juge* et l'*exécuteur*, soit qu'ils condamnent ou glorifient, soit qu'ils punissent ou récompensent, sont toujours rappelés par le PRÊTRE à ce SENTIMENT divin, savoir : que la destinée DEFINITIVE de l'homme soumis au *jugement* et à l'*exécution* du jugement, quel que soit cet homme, est sainte, et ne diffère pas de celle qui est réservée au *juge* et à l'*exécuteur*, et au PRÊTRE lui-même.

De là résulte un LIEN inconnu à toutes les RELIGIONS du passé, qui UNIT tous les hommes, sans exception, depuis le CHEF SUPRÊME jusqu'à l'être placé le plus bas dans l'échelle sociale : depuis l'homme qui n'a pas de supérieur ni même d'égal, jusqu'à celui qui n'a personne au-dessous de lui : depuis l'homme auquel se rattachent tous les autres hommes, jusqu'à celui qui a, pour ainsi dire, rompu son ban avec l'humanité; lien indissoluble, universel, symbole toujours présent de la FRATERNITÉ DÉFINITIVE.

L'une des deux cérémonies les plus importantes de l'avenir, ce sera celle de la *condamnation* la plus grande ; celle où le crime le plus épouvantable recevra son *jugement* et l'*exécution* de ce jugement : jour de deuil, mais jour puissant pour l'éducation du genre humain. Alors le criminel ne sera point frappé d'un indélébile anathème ni d'une réprobation éternelle, et le CHEF SUPRÊME, en présence de ce malheureux qui, parmi tous ses enfans, aura le plus failli, sentira remonter vers lui-même une partie du jugement prononcé contre le criminel ; car lui-même fut, est, et sera FAILLIBLE, il est HOMME. Dans ce moment solennel, je vois le CHEF SUPRÊME, entre le *juge* et l'*exécuteur*, tendre ses mains paternelles au coupable, et l'interroger, attendant de cet homme si bas, si misérable, attendant à son tour une révélation. « Dis-moi, enfant, dis, qui donc y a-t-il en moi, en nous tous, de si mauvais encore, que la famille dont je suis le père ne puisse pas donner le bonheur à l'un de ses membres, ni l'empêcher, à force d'amour, de se révolter contre elle? Dis. que nous manque-t-il? Moi-même, quel progrès ai-je à faire? Aide-moi à l'accomplir. Dieu est tout ce qui est, nul de nous n'est lui, et AUCUN DE MES ENFANS N'EST HORS DE LUI. »

Ce LIEN entre le chef suprême et le dernier des hommes a été pressenti à toutes les époques par l'humanité, qui a toujours aspiré à l'*égalité*; mais il a dû l'être particulièrement par le christianisme, qui substituait à l'esclavage du plus grand nombre la *fraternité* universelle : aussi, au milieu des pratiques d'un culte qui établissait cependant encore une distance incommensurable entre un chef *infaillible* et tous les fidèles, le serviteur des serviteurs de Dieu se courbait devant les pieds fatigués du pauvre, les baignait, les lavait, les essuyait, en répétant la parole du Christ: « Si moi, qui suis votre seigneur et votre maître, je lave vos pieds, ce que je fais pour vous, faites-le entre vous; je vous ai donné l'exemple. »

Mais n'oubliez point qu'en mettant sous vos yeux, comme je viens de le faire, le tableau de l'*humilité* transfigurée par SAINT-SIMON, n'oubliez pas que malgré l'abandon fait par nous au passé de l'*infaillibilité* papale, le père de la famille nouvelle, s'il reconnaît sa *faiblesse*, sent et exprime aussi sa *puissance* : il n'est CHEF SUPRÊME que parce qu'il renferme en LUI, à un degré SUPRÊME, l'amour et le respect pour *tous*, mais aussi le besoin de l'amour et du respect de *tous* pour LUI.

MODERATEUR de l'*orgueil* et de l'*humilité*, le PRÊTRE Saint-Simonien abaisse celui qui faillit par *exaltation*, et relève celui qui tombe par *abnégation* ; c'est à ces deux conditions, qui ne se sont jamais trouvées RELIGIEUSEMENT UNIES dans le passé, que se distingue le sacerdoce nouveau. Si, dans le moyen âge, le prêtre et le guerrier ont tenté l'union impossible de l'HUMILITÉ *pacifique* et de la GLOIRE *militaire*, c'est à l'avenir seul qu'est réservée la sainte UNION, non plus de l'*orgueil* et de l'*humilité*, mais d'une *gloire* et d'une *modestie* nouvelles; lui seul présentera la solution de cet immense problème qui travaille le monde sous ces mots, AUTORITÉ et LIBERTÉ, *droit divin* et *souveraineté du peuple*.

C'est par la FEMME que cessera toute *discussion*, je dirai même tout *enseignement* sur l'AUTORITÉ, car l'autorité ne s'enseigne et ne se discute point; si jusqu'ici l'on a tant argumenté sur ce sujet, c'est que le chef ne s'est jamais manifesté pour TOUS d'une manière *aimante* et *attrayante*, et cette impuissance était naturelle, car tout *homme* est impuissant pour embrasser TOUTES les manifestations de la vie : or l'autorité jusqu'ici fut MALE, et pourtant la société est composée d'*hommes* et de *femmes*. Songez que ceux qui ne savent point, je ne dis pas *plier* devant un homme, mais *s'élever* vers lui pour l'embrasser avec amour, se rapprocheront du chef, lorsque chaque fonction sera exercée par un COUPLE. Voyez autour de vous combien d'hommes qui résistent obstinément à l'autorité d'un homme, et qui *obéissent* en aveugles à l'autorité d'une femme; et combien de femmes surtout qui rougiraient de reconnaître parmi les femmes une supérieure, une égale même, et qui s'abandonnent en esclaves aimantes aux caprices d'un maître qu'elles idolâtrent.

En parlant du couple suprême j'ai déjà dit ailleurs (1):

« Vivante image de TOUT CE QUI EST, de DIEU, couple du PROGRÈS, *un* et *multiple* à la fois, tu portes dans ton sein et tu répands sur le monde le CALME de ton puissant amour. Tu sais modérer l'*ardeur* et réveiller la *patience*, joindre l'*intelligence* à la *force* et la *grâce* à la *raison* : d'une main tu pèses sur l'*orgueil*, de l'autre tu élèves l'*humilité*; tu *écoutes* la voix des siècles *passés*, nulle *tradition* ne frappe en vain ton

(1) Voir *le Globe* du 18 juin.

oreille : et tu *proclames* les *destinées* de l'humanité et du monde, tu *chantes* l'éternelle *prophétie*. »

Cette forme nouvelle de l'AUTORITÉ dans l'avenir renferme une garantie toute puissante contre le DESPOTISME et contre la RÉVOLTE. Lorsque le pouvoir sera exercé par un COUPLE, rien de ce qui est *humain* n'échappera à son AUTORITÉ; l'OBÉISSANCE sera facile, parce que l'inférieur sera toujours SENTI par le supérieur. Dans tout le passé, au contraire, une portion considérable de ce qui est *humain* échappait à la vue du chef, puisqu'il était *seul*; et tout ce qui échappait à son amour était *réprouvé* et *comprimé* par lui ; alors des *chaînes* pesantes et de cruelles *damnations* écrasaient cette portion de l'humanité qui rêvait dans le silence des *prisons* et dans les douleurs de la *pénitence* son affranchissement, et qui le préparait sans cesse par le *mensonge* ou par la *violence* : alors, dans l'intérêt de ces esclaves et de ces parias, et aussi dans l'intérêt de tous, car tous souffrent là où règne l'esclavage, et là où fulmine l'excommunication, quelques voix généreuses ont pu et ont dû s'écrier parfois, et faire répéter aux peuples, que l'*insurrection était le plus saint des devoirs*.

Mais l'AUTORITÉ de l'avenir n'a plus d'anathèmes et de réprobation : elle comprend l'humanité tout entière dans son amour, elle n'est plus *exclusive*, elle n'est donc plus *absolue*, elle AIME, elle est AIMÉE.

Ici se présente une objection, et c'est vraiment la seule qui puisse nous intéresser aujourd'hui, parce que nous avons déjà si souvent levé, dans nos enseignemens et nos discussions publiques, celles qui s'appuient sur la reapparition possible, à la suite de nos doctrines, du DESPOTISME tel qu'il a été conçu jusqu'ici, c'est-à-dire avec toute sa *violence* et sa *brutalité*, que nous pouvons considérer notre tâche comme étant accomplie sous ce rapport. D'ailleurs l'objection dont je parle a été soulevée au milieu de nous, et dans ce moment elle est portée en dehors de nous par des personnes qui ont cru pouvoir appuyer sur elle leur éloignement de notre famille.

On a accusé notre foi dans la LOI VIVANTE, telle qu'elle a été présentée par BAZARD lui-même dans la treizième leçon du second volume, et par moi dans tous mes travaux (particulièrement dans la lettre sur le CALME et dans l'article du *Globe* sur le PRÊTRE) de fonder l'AUTORITÉ nouvelle sur un principe d'*attraction*, de *séduction*. Remarquez d'abord qu'une pareille objection ne pouvait nous être faite que par des Saint-Simoniens; elle ne pouvait être conçue que par ceux qui avaient eu sous les yeux le spectacle préparatoire même et fort incomplet de l'AUTORITÉ nouvelle, du PATRONAGE d'amour que SAINT-SIMON est venu révéler aux hommes. Le monde qui nous entoure n'aurait jamais pu se douter d'une objection de ce genre; il est si habitué, depuis long-temps, à croire qu'un pouvoir, quel qu'il soit, ne saurait jamais être trop *séduisant*, trop *attrayant!*

L'*attrait*, la *séduction* dans le pouvoir!.... Mais ne serait-ce pas l'application la plus directe de notre *dogme?* Ne disons-nous pas que c'est l'AMOUR qui doit présider aux destinées sociales? que l'homme le plus capable de GOUVERNER est le plus AIMANT? Or, le plus AIMANT ne peut-il pas prétendre à être le plus AIMÉ? et le plus AIMÉ, n'est-ce pas celui qui ATTIRE, qui ENTRAÎNE, qui SÉDUIT le plus?

Voici, au reste, sous quelle forme cette puissance ATTRACTIVE du supérieur a été présentée comme dangereuse. On a dit que pour s'assurer L'AMOUR et la DÉVOTION de l'inférieur, le supérieur le flatterait dans ses *vices*.

Il y a ici deux grosses erreurs, deux graves hérésies. D'abord une pareille conduite de la part du chef supposerait qu'il considère certains individus, et peut-être même tous ses *inférieurs*, comme étant, avant tout, d'une nature *vicieuse*, puisque ce serait par leurs *vices* qu'il chercherait à les rapprocher de lui; or, au nom de SAINT-SIMON, moi, votre père, je déclare que je ne connais pas de nature *vicieuse*; pour moi tout être vivant est PROGRESSIF. Sans doute tout être fini peut se présenter à moi comme *bon* ou *mauvais*, toute VIE peut être JUGÉE *vertueuse* ou *vicieuse*; mais ces deux formes sous lesquelles chaque être se manifeste à mon *intelligence*, lorsque j'*analyse* sa vie, sont deux formes *abstraites*, selon lesquelles *j'élève* ou *j'abaisse* dans la hiérarchie sociale, selon lesquelles je CLASSE les capacités, je JUGE, je DÉFINIS, je COMPARE mes enfans entre eux et avec moi-même; mais ce n'est point parce que je les *juge* qu'ils M'AIMENT, c'est parce que je les AIME; bien plus, je ne puis les *juger* que parce qu'un lien D'AMOUR les unit à moi et m'unit à eux, pour l'accomplissement PROGRESSIF d'une destinée commune.

Je le répète, pour moi toute nature finie est avant tout PROGRESSIVE; c'est au *désir* qui est en elle d'*améliorer* SA destinée et la destinée des AUTRES que je m'adresse pour L'ATTACHER à moi: car c'est ce même désir qui est le secret de ma propre puissance, le mystère de ma vie.

En second lieu, pour s'assurer d'une manière durable la DÉVOTION de l'inférieur, il faut connaître la loi de son développement, et lui révéler la forme suivant laquelle il doit la réaliser dans le temps; car nul ne saurait prétendre GOUVERNER, COMMANDER, s'il n'a pas le don de concevoir et de révéler la *vocation* de chacun, s'il n'a pas le secret de la *destinée* de ses enfans. Quelles que soient les erreurs possibles, plus que possibles, certaines même, que la sympathie *limitée* du chef peut lui faire commettre, ce qui le constitue chef, par rapport à tous, c'est qu'il a, plus que tout autre, conscience de la loi du développement de chaque individu.

Dans la série d'*individualités* qui se développent harmoniquement et constituent par leur union la société humaine, chacun à SA loi PROPRE, SA vocation, SA destinée, suivant laquelle il doit être développé, et qui le conduit, depuis le degré le plus bas de l'échelle sociale, jusqu'à la limite définitive que tout être humain doit atteindre. L'art du PRÊTRE ou du PÈRE, sa puissance, consiste à marcher devant *lui*, dans cette voie que Dieu a tracée pour *lui*, et que le PRÊTRE *lui* ouvre. Le PRÊTRE sent, dans la communion d'amour qui s'établit entre lui et le *fidèle*, la forme sous laquelle cet enfant qu'il aime desire se développer : et cette forme qui n'avait été pour le *fidèle* qu'un rêve obscur, devient, par la parole du PRÊTRE, une revelation positive. C'est donc la *spontanéité* de chacun que le PRÊTRE doit découvrir s'il veut GOUVERNER : il faut que le prêtre sente le PROGRÈS que chacun VEUT accomplir, il lui révèle ainsi SA capacité, SA vie, SON amour : ce qu'il ORDONNE alors au fidèle c'est précisément ce que celui-ci AIME A FAIRE : or telle est la garantie de la LIBERTÉ pour l'avenir.

Je vous le dis encore une fois, il ne s'agit pas pour le PRÊTRE de faire le départ du *bien* et du *mal*, de peser le *vice* et la *vertu*, c'est l'œuvre du *juge*, le prêtre y perdrait son temps, sa puissance et son amour ; ce n'est point là sa fonction ; il doit laisser *raisonner* sur le vice et la vertu celui qui donne et qui trouve la VIE en *raisonnant*. Si l'on avait conscience que le PRÊTRE n'est pas un *juge*, mais un INSPIRATEUR, un RÉVÉLATEUR, un PROGRESSEUR, on ne craindrait pas qu'il dévleoppât les individus selon leurs *vices*, on verrait qu'il ne peut les développer que selon le sentiment PROGRESSIF qui constitue la VIE de tout être *fini* se développant au sein de DIEU, VIE UNIVERSELLE.

Je reviens à ce que je vous disais sur la loi de développement de chaque individu.

En vous parlant de cette LOI individuelle, je dépose en vous le germe de toute foi à la VIE FUTURE et à la VIE PASSÉE. C'est en considérant l'ÊTRE comme ayant toujours une *tradition* et un *espoir*, c'est en le sentant lié à ce qui FUT et à ce qui SERA, qu'on sent qui il EST, comment il est lié à TOUT CE QUI EST, comment il VIT, quelle est sa foi RELIGIEUSE. Celui qui VIT *le mieux* sent celui qui VIT *moins bien*, la hiérarchie est le fait humain. Elever celui qui vit moins bien que soi, c'est lui faire sentir qu'on a en soi la puissance de le développer suivant le PROGRÈS qu'il désire; et il est clair que l'homme qui découvre vers quel but se dirige *instinctivement* un autre homme, et qui le lui révèle *clairement*, exerce sur lui une puissance d'ATTRACTION, d'ENTRAÎNEMENT, de SÉDUCTION très-grande. Dire aux hommes, à chacun comme à tous, ce qu'ils désirent, et le leur apprendre avant qu'ils aient pu eux-mêmes le formuler, c'est, je le confesse à la gloire de notre maître, c'est PROFÉRER LA PAROLE DE DIEU. Et quel est donc celui d'entre vous, enfans, qui, lorsque nous lui avons appris qu'il pouvait poser sur sa tête la couronne de l'apostolat, n'a pas été SÉDUIT par nous? laissez, laissez aux faibles la crainte d'être SÉDUIT par l'homme qui leur révèle un amour nouveau.

Écoutez; à chaque époque où l'humanité a eu de grandes choses à faire, elle a été entraînée par des hommes, par UN homme surtout qui s'est trouvé placé à une distance immense de ceux qui l'entouraient. Cet homme, ce fut MOÏSE, ORPHÉE, JÉSUS, MAHOMET, SAINT-SIMON, et ce fut aussi GRÉGOIRE VII et CHARLEMAGNE, LUTHER et NAPOLÉON; ils ont exercé sur l'humanité une véritable dictature. Eh bien, je vous le dis, nous avons encore aujourd'hui une grande chose à faire, une œuvre immense; plus nous allons marcher, et plus votre père qui vous parle exercera sur vous une dictature, mais une dictature NOUVELLE, car il ne connaît pas d'ennemis ni de profanes; l'affection dont vous l'entourerez étonnera le monde, qui ne comprend plus ce que c'est que d'aimer un chef, un père; l'humanité doit retrouver par moi les joies de la *paternité*, par vous les douceurs de l'obéissance *filiale*, et pour cela nous réagirons fortement sur elle, car elle a bien troublé les sources de sa vie.

Lorsque les PROLÉTAIRES et les FEMMES sentiront qui nous sommes, et ce que nous sommes venus faire pour eux, ceux d'entre vous qui pourraient craindre encore l'enivrement de l'hommage pour moi devront se tenir en garde eux-mêmes. Vous tous, qui êtes ici, vous aurez plus à vous en garantir que moi, car j'ai prévu avant vous que cet hommage entourerait notre apostolat, et ce sera encore moi qui saurai vous en défendre. Alors on comprendra sans peine combien est puéril ce reproche fait à l'AUTORITÉ Saint-Simonienne, de vouloir caresser les *vices* pour obtenir la *dévotion* au pouvoir : vous-mêmes, vous sentirez combien votre autorité serait faible si vous la pratiquiez ainsi ; et là où vous verrez la puissance, vous saurez bien que ce n'est point avec cette arme satanique qu'elle a été conquise.

Chers enfans, c'est du sein même de notre famille que ce reproche de SÉDUCTION a été dirigé contre la LOI VIVANTE; eh bien! vous le saviez alors, et vous en avez aujourd'hui le témoignage irrécusable, les hommes qui nous ont adressé ce reproche avaient, il est vrai, des *inférieurs* qui leur obéissaient, des *élèves* qui écoutaient respectueusement leur parole : mais quel est donc celui qui, en nous quittant, a ENTRAÎNÉ avec lui des FILS, des fils SÉDUITS par son amour? Où sont donc ceux qui ont mis en société, en famille, leur existence? Quoi! parce qu'une rude *indépendance* a long-temps mutilé leurs cœurs, ils croyaient que c'était profaner la dignité humaine que d'ATTACHER à sa vie celui à qui l'on a donné la vie ; ils se défendaient presque de l'amour qui aurait voulu remonter vers eux, ils le fuyaient, ils n'en voulaient pas; ils n'étaient pas PRÊTRES DE LA FOI NOUVELLE.

QUATRIÈME ENSEIGNEMENT.

(5 DÉCEMBRE 1831.)

Suite de la LOI VIVANTE.

Je vous ai montré comment la phase nouvelle dans laquelle entrait la doctrine était la conséquence de ses progrès antérieurs. Si nous faisons pour la LOI VIVANTE un retour sur nos précédens travaux, nous trouverons, dans quelques-uns des passages les plus marquans de la 13e leçon du second volume entièrement écrit par Bazard, l'expression, même assez *absolue*, de la LOI VIVANTE pour l'avenir. Voici ces passages :

« Ce qu'on appelle la LOI aujourd'hui est une divinité » mystique, devant laquelle on s'incline d'autant plus pro- » fondément que l'on fait plus hautement profession de ne » point se soumettre aux *hommes ;* ce qui n'est, après tout,

» qu'une forme à l'aide de laquelle on cherche à se soustraire » à toute direction, à toute autorité, puisque la *loi*, séparée » des hommes, n'étant plus qu'un être de raison, sans vo- » lonté et sans puissance, prétendre n'obéir qu'à la loi, c'est » en définitive prétendre ne point obéir.

» Cette distinction, établie entre la loi et les hommes, » doit sans doute paraître surprenante de la part de la géné » ration qui, par-dessus tout, se prétend douée de l'esprit » POSITIF ; mais en considérant attentivement de quelle ma- » nière se produit la législation, on trouve que tout est dis- » posé pour favoriser cette illusion, cette fiction, pour lui » donner même une sorte de réalité.

» Et en effet, quels sont aujourd'hui les LÉGISTATEURS? Des » hommes plus ou moins étrangers aux faits, aux intérêts » sur lesquels ils ont à prononcer, plus ou moins étrangers » même les uns aux autres, et qui, rapprochés temporaire- » ment, se dispersent pour ne plus se retrouver, dès qu'ils » sont parvenus, à l'aide d'une manœuvre délibérante, à pro- » duire le réglement qui leur était demandé ; restant aussi in- » connus à la société, après cette apparition momentanée » sur la scène législative, qu'ils l'étaient auparavant, et ne » laissant après eux, et dans leur ouvrage même, aucune » trace de leur personnalité : de telle sorte que la LOI qui est » émanée d'eux, et qui leur échappe dès qu'elle est faite, » peut se présenter à leurs propres yeux comme un produit » spontané.

» Cette absence de tout caractère déterminé dans le LÉGIS- » LATEUR se fait vivement sentir dans la LOI, qui, dans ses » prescriptions, dans l'application de ses sanctions, ne fait » aucune acception des situations morales différentes dans » lesquelles peuvent se trouver les individus, en raison de » leurs fonctions et de leur rang dans la société, et qui est » réputée d'autant plus parfaite, qu'elle se renferme à cet » égard dans une abstraction plus rigoureuse; c'est-à-dire, » qu'elle tient moins de compte des seules circonstances qui

» peuvent déterminer la valeur, la moralité des actes, ou, en
» d'autres termes encore, qu'elle reste plus étrangère à la vie,
» à la réalité, qui ne se trouvent, en définitive, que dans les
» différences qu'elle néglige.

» Mais à la loi il faut des interprètes, et il semble qu'à ce
» terme au moins elle doit inévitablement se personnifier;
» mais ici encore, tout est disposé pour prévenir cette per-
» sonnification : le juge, comme la loi, est une abstraction;
» sa seule fonction est de juger, et plus il est étranger aux
» intérêts dans lesquels s'est produit le désordre qui lui est
» soumis, plus les individus dont il doit apprécier la moralité
» lui sont inconnus, et plus aussi sa position est réputée fa-
» vorable à l'accomplissement de ses devoirs. L'occasion
» étant donnée où il est appelé à prononcer, sa tâche se ré-
» duit, d'une part, à caractériser le *fait* d'une manière *abs-*
» *traite*, sans avoir égard aux personnes, à leurs fonctions,
» à leurs qualités; de l'autre à rapprocher cette abstraction
» de la loi; et, si elle l'a prévue, à lui appliquer la sanction
» qu'elle prononce; de telle sorte que le tribunal disparaît,
» et que c'est la LOI seule qui paraît porter la sentence. Le
» *juge* ajouté à la *loi* n'est, pour ainsi dire, qu'une impulsion
» mécanique donnée à une matière inerte : il peut résulter
» de là du *mouvement*, mais non point de la VIE; des *formules*,
» mais non point des JUGEMENS; aussi la plupart des actes de
» la VIE, qui seraient susceptibles d'être *punis* ou *récompen-*
» *sés*, échappent-ils à cette machine, qui ne saurait ni les
» saisir ni les qualifier; et lorsqu'elles les atteint, c'est pres-
« que toujours d'une manière violente, *injuste*, car c'est sans
» discernement.

» Ce défaut de vie ou de sympathie, et par conséquent de
» discernement, dans la loi et dans le juge, n'est pas resté
» complétement inaperçu; et dans les cas les plus graves,
» dans ceux où la pénalité prend le caractère le plus redou-
» table, on a essayé de le combler par l'institution d'une
» classe intermédiaire de juges qui, sous le nom de *jurés*,

» sont appelés, par le fait, si non par le droit, à apprécier » l'acte déféré à la justice, tels qu'ils le SENTENT dans son » auteur ; mais comme ces juges accidentels, qui sont choisis » sans aucun égard au rapport qui peut exister entre leurs oc- » cupations habituelles et la fonction qui leur est temporai- » rement dévolue, sont, comme les juges ordinaires, étran- » gers aux circonstances dans lesquelles le délit a été commis, » et à l'individu qui en est accusé ; que d'ailleurs il leur est » interdit de *juger* le fait qu'ils constatent, il s'ensuit que c'est » encore la parole MORTE de la LOI qui domine dans les ju- » gemens où ils interviennent. Le jury, dans certains cas, » peut bien tempérer le mouvement aveugle de la machine » légale, mais ce n'est pas là encore la LOI VIVANTE.

» La LOI VIVANTE ne se trouve qu'aux époques organiques, » et alors la LOI c'est l'HOMME ; toujours elle a un NOM, et » ce nom est celui de SON AUTEUR ; et d'abord celle qui do- » mine toutes les autres, celle qui a fondé la société, c'est, » selon les temps, ou la loi de Numa, ou celle de Moïse, » ou celle du Christ, comme dans l'avenir ce sera celle de » SAINT-SIMON. Bien loin alors que la société s'efforce de » mettre dans l'ombre le LÉGISLATEUR suprême, dont l'amour » prophétique lui a donné naissance ; elle s'empare de son » *nom*, elle l'*incarne* en elle ; c'est par ce *nom* qu'elle est, et » c'est en lui qu'elle se glorifie d'être. Toutes les LOIS qui, » dans la suite des temps, se produisent comme l'interpré- » tation, le développement ou le perfectionnement de la loi » révélatrice, deviennent également inséparables de leurs » AUTEURS.

» C'est toujours alors le LEGISLATEUR que l'on aime ; c'est » à lui que l'on obéit. Or, ceci s'applique surtout à l'avenir, » où doivent achever de se prononcer, de se caractériser tous » les traits de l'ORDRE social, qui n'ont pu se montrer que » d'une manière informe dans les états organiques du passé, » puisque ces états n'étaient que préparatoires.

» Dans l'avenir, toute LOI est la déclaration par laquelle

» celui qui préside à une fonction, à un ordre quelconque de
» relations sociales, fait connaître SA VOLONTÉ à ses infé-
» rieurs, en sanctionnant ses prescriptions par des *peines* ou
» par des *récompenses*.

» Tout jugement est l'acte par lequel le supérieur punit ou
» récompense son inférieur dans l'ordre des travaux ou des
» relations qu'il dirige.

» Ainsi la LOI est toujours réelle et précise; car elle se rap-
» porte toujours à une situation déterminée, et le LEGISLA-
» TEUR est toujours l'homme qui est le plus en état d'appré-
» cier ce qui convient a la situation qu'il règle.

» Le jugement est toujours équitable, car le juge est à la
» fois celui qui AIME et qui *connaît* le mieux l'ordre qu'il a
» pour but de maintenir, et l'individu qu'il juge.

» Mais le fait sur lequel repose tout cet avenir, la hiérar-
» chie, est justement ce qu'il y a de plus difficile à admettre
» à une époque comme celle où nous vivons, où la victoire
» dont on s'applaudit le plus est précisément d'avoir brisé
» toute hiérarchie, et où la dignité de caractère consiste sur-
» tout à ne point reconnaître de supérieurs : c'est donc sur ce
» fait important, sur ce point fondamental, qu'il est le plus
» nécessaire d'insister.

» Le supérieur, avons-nous dit, est celui qui, dans la
» sphère où il dispose, aime le plus Dieu et l'humanité, ou
» l'humanité en Dieu : ce qu'il commande à ceux qui lui sont
» soumis, c'est donc le PROGRÈS; car le progrès est ce qu'ils
» veulent, et c'est la loi de Dieu. Le supérieur veut s'élever;
» mais la destination qui lui est donnée est d'élever d'autres
» hommes; il ne peut donc s'avancer dans la voie du progrès
» qu'en y faisant avancer ses inférieurs; l'amour qu'il leur
» [illegible]rte n'est donc, sous un point de vue, que l'amour qu'il
» a pour lui-même.

» L'inférieur aime le supérieur, car il tend au PROGRÈS, et
» IL NE PEUT Y TENDRE QUE PARCE QU'IL AIME CE QUI EST
» AU DESSUS DE LUI. Il obéit avec joie, car l'obéissance l'i-

» dentifie avec le supérieur; l'amour qu'il lui porte vient donc » aussi se confondre avec celui qu'il a pour lui-même.

» L'AMOUR, sous son double aspect *concentrique* et *excentrique*, l'amour de *soi* et l'amour des *autres*, voilà la base » de la hiérarchie, la raison de l'AUTORITÉ et de l'OBÉISSANCE que nous désirons et que nous ANNONÇONS.

» Et maintenant, en résumant tout ce que nous avons dit » sur l'ordre social qui doit s'établir, comparez l'état d'indé- » pendance où nous vivons, dans lequel chaque homme naît » sans destination, grandit péniblement au milieu de circon- » stances qui lui ont été fatalement imposées, se place plus » péniblement encore dans le monde; et presque toujours » en raison inverse de ses goûts, de sa capacité, rencontrant » à chaque pas des obstacles, des rivaux qu'il doit combattre, » écarter sans aucun secours; car tous sont occupés indivi- » duellement, isolément comme lui à se pourvoir, à se dé- » fendre: comparez cet état à celui dans lequel chaque homme, » à sa naissance, trouve une main amie et toute puissante qui » vient soutenir ses premiers pas, l'aider à chercher la carrière » qu'il doit parcourir, lui donner les forces dont il a besoin » pour y marcher, le mettre enfin en possession de la place » qui lui était marquée par Dieu, et à ce terme encore le sou- » tenir, le guider, l'assister sans cesse, et vous verrez, vous » sentirez que l'INDÉPENDANCE qu'on nous vante n'est que *ser- » vitude* et *fatalité*, et que le règne de l'AUTORITÉ que nous an- » nonçons est celui de la LIBERTÉ, de la PROVIDENCE. »

Chers enfans, voilà ce que nous avons tous enseigné depuis long-temps sur la LOI VIVANTE, et vous le voyez, ainsi que je vous l'ai déjà dit, les termes dont s'est servi BAZARD sont assez absolus; on peut même remarquer que nous étions beaucoup plus occupés de signaler le caractère du *supérieur* que celui de l'*inférieur*, et que nous tenions plus à réhabiliter le sentiment d'AUTORITÉ, qui depuis long-temps s'est retiré du cœur de l'homme, qu'à répondre à celui de la LIBERTÉ qui le gonfle aujourd'hui d'une manière anormale. Il était bon, juste et utile de suivre une pareille marche, puisque nous sortons d'une époque critique dans laquelle la *légitimité* de toute PUISSANCE est inconnue ou méconnue, tandis que le besoin d'*indépendance* agite toutes les âmes. Au reste, malgré cette prédominance donnée à l'AUTORITÉ dans le travail que je viens de vous lire et dans nos *enseignemens*, ainsi que dans toute la *pratique* de notre vie jusqu'à ce jour, vous devez comprendre que quels que soient, dans l'avenir, les développemens donnés au SENTIMENT, à la *théorie* et à la *pratique* de la LIBERTÉ, nous en avons solidement posé les bases, en proclamant le CLASSEMENT SELON LA VOCATION, puisque la définition de la LIBERTÉ est renfermée pour nous dans cette formule rédigée également par Bazard : l'homme est LIBRE quand il AIME ce qu'il DOIT FAIRE.

Je vous ai dit les relations du supérieur et de l'inférieur dans l'avenir, en les rattachant à notre *dogme* qui ne laisse plus de place, dans le cœur de l'homme, à la réprobation et à l'anathème, au despotisme et à l'esclavage, et qui impose pour condition d'élévation au supérieur le devoir d'élever sans cesse l'inférieur, sous le triple rapport MORAL, *physique* et *intellectuel*. Mais j'ai besoin de résumer les idées que je vous ai présentées, dans un ordre méthodique, pour vous faire sentir nettement combien elles sont des déductions, des transformations logiques de notre *dogme*. Ce travail est déjà fait d'ailleurs en grande partie dans le commentaire que j'ai donné, le jour de la communion générale de la famille (8 juillet dernier), à la formule sous laquelle j'ai présenté alors le dogme Saint-Simonien.

J'avais dit :

DIEU est TOUT CE QUI EST ;
Tout est en lui, tout est par lui.

Nul de NOUS n'est hors de lui ;
Mais aucun de NOUS n'est lui.

CHACUN de nous vit de sa vie,
Et TOUS nous COMMUNIONS en lui;
Car il est TOUT CE QUI EST.

Et j'ai ajouté comme développement :

« A nous, DIEU a donné mission d'appeler progressivement le monde à cette UNIVERSELLE COMMUNION : il ne nous commande plus d'*exterminer* des peuples, ni de nous *immoler* nous-mêmes ; car il est TOUT CE QUI EST ; loin de nous donc la COMMUNION barbare de l'*épée*, et la COMMUNION mystique de la *croix ;* la loi de *sang* est effacée, les jours du *sacrifice* sont finis, l'heure de la COMMUNION D'AMOUR a sonné.

« Le MONDE n'est plus un pesant fardeau pour l'HOMME, et l'HOMME ne foule plus le *monde* à ses pieds ; ils ne sont plus ennemis, ils s'aiment, ils COMMUNIENT : car DIEU est TOUT CE QUI EST ; il n'est pas *relégué* dans le CIEL, et son règne n'est pas *seulement* sur la TERRE. Pour nous l'humanité prend POSSESSION de cette TERRE que DIEU lui *promit* par MOÏSE ; avec nous elle s'avance, fière et glorieuse, à la clarté de ce CIEL *entrevu* par JÉSUS, et que DIEU, par SAINT-SIMON, nous a DÉVOILÉ : voici l'heure de la COMMUNION UNIVERSELLE de l'HUMANITÉ et du MONDE. »

La première partie de la formule : DIEU EST TOUT CE QUI EST, *tout est en lui*, *tout est par lui*, renferme les conditions POSITIVES de notre foi.

La seconde partie : *Nul de* NOUS *n'est hors de lui*, *mais aucun de* NOUS *n'est lui*, en exprime les conditions NÉGATIVES.

La troisième partie : CHACUN *de nous vit de sa vie*, *et* TOUS *nous* COMMUNIONS *en lui*, est l'expression du LIEN RELIGIEUX qui UNIT l'*individu* à la *société*, le *moi* au *non moi*, tout être *fini* au *milieu* qui l'environne.

Vous le voyez, plus d'infaillibilité ni d'idolâtrie, car *aucun de nous n'est* DIEU ; plus d'esclaves ni de réprouvés, car *nul de nous n'est* HORS *de* DIEU. La partie NÉGATIVE de notre foi abandonne au PASSÉ l'*adoration* SERVILE de l'homme pour l'homme, et l'*exploitation* DESPOTIQUE de l'homme par l'homme. Sa partie positive met fin à cette guerre éternelle des *deux principes ;* elle sanctifie toute nature : car *tout est en* DIEU *et par* LUI. Enfin la COMMUNION nouvelle rattache l'*individu* à la *société*, comme elle concilie la *personnalité* et l'*abnégation*, l'*intérêt* et le *devoir; nul* ne doit être *sacrifié* à TOUS, ni prétendre que TOUS se *sacrifient* pour LUI : car CHACUN *de nous vit de la vie divine*, et TOUS *nous communions en* DIEU.

Une phrase du commentaire dogmatique que je viens de vous lire a donné lieu à des interprétations fâcheuses, dans le collége même ; les critiques qui ont été faites à ce sujet contre l'AUTORITÉ nouvelle nous ramèneront à la LOI VIVANTE, elles nous donneront d'ailleurs l'occasion d'examiner le *dualisme* sous une nouvelle forme.

Cette phrase est celle-ci : *les jours du* SACRIFICE *sont finis.*

On en a conclu que l'*abnégation* perdait ainsi toute sa valeur ; que la vie se réduisait à un pur *égoïsme ;* et surtout que le prêtre qui obéirait à cette règle morale dirigerait nécessairement le fidèle par le *plaisir* seul. Alors revenaient tous les griefs contre la SÉDUCTION, et contre le chef qui flatte les *vices* de l'inférieur, pour *capter* son dévouement *aveugle*, *fanatique*, *absolu.*

On a mal compris un sentiment qui, il faut le dire, serait insuffisamment exprimé par la phrase que je viens de rappeler, si elle était isolée, mais qui a si souvent reçu sa place véritable parmi nous, que les difficultés soulevées par cette phrase tenaient évidemment à la situation dans laquelle nous nous trouvions tous dernièrement. Personne, en effet, ne se serait fait scrupule d'enseigner, que sous l'empire de la loi païenne c'était la GLOIRE qui animait les grands hommes, tandis que sous la loi chrétienne c'était l'HUMILITÉ ; nous savions tous, depuis long-temps, que le prêtre antique était un *sacrificateur* et le prêtre de Jésus une *victime* : que l'homme se *distinguait* dans l'antiquité par le nombre de ses ennemis *vaincus*, *soumis*, *enchaînés*, tandis que le chrétien *méritait* en raison des victoires qu'il remportait sur *lui-même*, et enfin qu'en ce sens on pouvait aussi bien dire : *les jours du* SACRIFICE *sont finis*, que *les jours de la* GUERRE *sont finis*. C'est ce que j'exprimais tout à l'heure encore, ainsi : NUL ne doit être *sacrifié* à TOUS, mais NUL ne doit prétendre que TOUS se *sacrifient* pour LUI. Mais, je le répète, ces objections tenaient à la situation *transitoire* dans laquelle nous nous trouvions, situation qui mettait en présence les faces extrêmes de la vie, et sous ce rapport elles renferment une vérité dont il est bon de se rendre compte.

Presque tous nos enfans du collége, et nous surtout, Rodrigues, Bazard et moi, nous avions reçu la vie Saint-Simonienne à une époque où la révélation de notre maître nous semblait ne pas pouvoir, avant plusieurs siècles, être la loi du monde ; et alors pourtant nous avons marché ; et alors pourtant nous avons mis à l'œuvre notre VIE PRESENTE tout entière, et alors pourtant nous sortions d'un monde critique dans lequel nous n'avions puisé aucun espoir de VIE FUTURE.

Notre œuvre était donc avant tout un œuvre d'ABNEGATION, et remarquez bien que c'était aussi un œuvre de *science*. Aujourd'hui nous entrons dans une voie nouvelle ; il s'agit d'organiser l'*industrie*, de constituer le *culte*, d'appeler la *femme*, c'est-à-dire qu'il s'agit de donner, relativement du moins, un large développement au sentiment du *moi*, à l'*individualité*, à l'*intérêt*; en un mot, il nous faut de la GLOIRE. Mais comme le ralentissement des travaux dogmatiques, et la tiédeur des sentimens qui se rattachaient à la première phase de notre vie apostolique, sont bien loin d'être pour nous un oubli formel et absolu de la *science* et de l'*abnégation*, et que nous avons conscience du caractère *momentané* et purement *transitoire* de la phase où nous entrons ; comme notre désir le plus grand est de parvenir à la loi normale de l'avenir, sous l'empire de laquelle la *science* et l'*abnégation* seront à la place que notre foi leur assigne; nous avons pu, nous, contempler avec joie, avec tranquillité surtout, cet âge de notre vie d'apôtre, dans lequel l'UNE de nos *vertus* doit être plus spécialement destinée à régénérer le monde.

Nous avons su faire notre éducation *scientifique*, en nous soumettant aux conditions d'existence qu'elle impose; notre *adolescence* Saint-Simonienne s'est pliée aux exigences de la *méditation*, nous avons su nous *retirer du monde*; mais aujourd'hui nous sommes prêts à l'envahir : nous avons revêtu la robe VIRILE, nous voulons PRATIQUER et MONTRER ce que nous avons *appris* et *enseigné*, nous voulons nous faire VOIR, plus encore que nous faire *lire*. Notre premier pas dans la vie SOCIALE doit être une marche *fière*, *courageuse*, pleine de *verve* et d'*enthousiasme*, vers la MATURITÉ du sacerdoce futur; nous ne sommes QUE des hommes, la femme n'est point ASSOCIÉE avec nous : elle manque à notre AUTORITÉ, à notre LIBERTÉ, car elle manque à notre AMOUR. Eh bien! pour l'appeler, montrons-lui que notre front *glorieux* ne cherche point *humblement* une couronne d'épines.

Enfans, le monde que nous avons mission de convertir, vit tout entier dans l'*égoïsme*, il n'y a plus de *religion* sur la terre! la vie de beaucoup d'hommes et de femmes est donc faussée, car l'*égoïsme* n'est qu'une face de la vie : les êtres faits pour l'*abnégation* sont aujourd'hui brisés, tordus, bouleversés; ils sont précipités, souffrans et plaintifs, dans une voie contraire à leur origine. Ceux qui portent en eux l'ambition, la gloire; ceux qui sont d'une nature intéressée, *égoïste*, païenne, sont, au contraire, puissans de *démoralisation* et de *désordre*, et peuvent être, par nous seuls, puissans d'*ordre* et de *moralité*; par nous seuls, la force que Dieu a mise en eux, sera sanctifiée, car elle fera, par nous, le bonheur du monde.

Nous avons dit que nous appellions la femme et le prolétaire; pour nous faire entendre d'eux, il nous faut de ces voix puissantes qui remuent et entraînent, qui exaltent et emplissent l'ame; il nous faut une scène vaste, éclatante, retentissante : le drame nouveau que nous offrons au monde, n'est pas, comme celui du chrétien, un *sacrifice;* pour l'accomplir saintement, nous ne nous voilerons pas la face, nous ne nous couvrirons pas de cendres, nos genoux ne fléchiront pas. Oui, nous appelons les hommes et les femmes qui ont un besoin insatiable d'émouvoir les masses, qui ne vivent qu'au milieu d'un tonnerre d'applaudissemens, qui veulent faire couler sous leur parole des torrens de larmes d'amour.

L'*Eglise* nouvelle se fonde, et c'est aussi un *théâtre* nouveau. Les temples chrétiens sont déserts, les salles de spectacle sont pleines de fidèles, l'acteur succède au prêtre; l'un est aussi fardé que l'autre, c'est à nous à les laver tous deux dans les eaux d'un nouveau baptême; mais l'un est puissant, l'autre est faible : c'est par l'*acteur* régénéré que le chrétien sera sauvé. L'anathème de la loi du Christ ne tombe plus qu'émoussé sur l'acteur; les foudres du Vatican glissent sur le théâtre; elles ne sauraient le réduire en poudre, car la classe la plus pauvre et la plus nombreuse y est entassée, palpitante, vivante ; elle ne VIT que là.

J'ai dit l'*acteur*, mais je peux dire plus largement tous les ARTISTES : en eux sont des germes puissans de l'avenir que nous annonçons; ce sont eux d'ailleurs qui feront un jour tomber devant leur FOI brûlante toutes les critiques de la *logique* contre la LOI VIVANTE; vous parler d'eux, c'est donc rester dans le sujet qui nous occupe ; je parle des ARTISTES, c'est presque parler du PRÊTRE.

Nous avons souvent dit qu'il était bon de prendre les jugemens qui sont portés dans le monde contre des classes non encore associées, consacrées, sanctifiées, pour puiser, dans leur condamnation même, les élémens des motifs de leur élévation future : dans les reproches qui leur sont adressés, dans les vices dont on les accuse, se trouvent des indications de leur grandeur, de leur vertu pour l'avenir, même lorsque ces accusations sont *justement* fondées aujourd'hui; car les lois *exclusives*, sous l'empire desquelles l'humanité s'est développée jusqu'ici, ont souvent rendu criminelles des *dispositions* qui seront saintes dans l'avenir.

Ainsi nous, hommes, qui jusqu'ici avons eu le privilége de donner force de loi aux jugemens que nous portions sur les femmes, et de récuser habituellement le leur sur nous, n'avons-nous pas lu partout et partout entendu dire la légèreté, les caprices, l'inconséquence, la mobilité, l'inconstance, la curiosité des femmes? Eh bien! pourquoi toutes ces accusations ne signifieraient-elles pas que la femme éprouve plus vivement que l'homme ce besoin d'AVENIR qui la domine sans cesse, qui est sa vie? Sous la loi du PROGRÈS, cette disposition n'aurait certainement pas le caractère qu'elle devait avoir sous une loi d'*immobilité* ou de *rétrogradation*. Nous qui disons. l'âge *d'or est* DEVANT *nous*, nous ne devons plus tant blâmer et craindre la voix qui appelle, révèle et prophétise l'avenir, même quand cette prophétie devrait être entourée quelquefois de l'exaltation presque délirante de la sybille.

De même nous dirons pour les ARTISTES, que ce besoin d'encens, d'applaudissemens, de gloire, sera sanctifié, lorsque l'encens, l'applaudissement et la gloire seront donnés, non à ceux qui DÉMORALISENT le peuple et amusent les OISIFS, mais à ceux qui consacreront leur vie à l'amélioration MORALE, physique et intellectuelle des TRAVAILLEURS : c'est à ce titre seul que nous voulons et que nous donnons la gloire; et nous la voulons de toute la puissance de notre ame.

Dans la nouvelle phase où nous sommes entrés, je vous le dis, celui qui *méritera* le plus, sera aussi celui qui, parmi vous tous, éprouvera le plus vivement cette sainte ardeur qui pousse à chercher les bénédictions des hommes. Sans doute le théologien métaphysicien, moraliste ou publiciste, qui se livre dans le silence de la retraite aux plus profondes méditations scientifiques mérite la reconnaissance, le respect et l'estime des hommes; il a droit à leur amour; et il rendra UN JOUR, lorsque la famille Saint-Simonienne sera constituée dans sa forme définitive et normale, autant de services à l'humanité, que l'homme qui, parlant aux CŒURS, a puissance de soulever ou d'apaiser les PASSIONS d'un peuple ; mais je le répète, DANS CE MOMENT, pour notre propagation APOSTOLIQUE, nous devons appeler les hommes d'ACTION ; or ce sont eux surtout qui ont soif de GLOIRE, et qui, hors de nous, la boivent jusqu'à l'ivresse ; c'est à nous à transformer cette ivresse en ENTHOUSIASME, c'est-à-dire à mettre DIEU dans leurs cœurs. Alors nous nous présenterons au monde sous un aspect *glorieux*, et nous pourrons lui dire : voici des hommes et des femmes qui, sans nous, auraient été condamnés par vous à mettre, pour quelques pièces d'or, toute la poésie de leur ame au service des privilégiés de la naissance ; nous les avons sauvés et de vos couronnes flétries, et de vos outrageans triomphes ; vous ne les applaudirez plus et vous ne les sifflerez plus selon les caprices de votre oisiveté, car ils sont la voix des *travailleurs* pacifiques ; ils viennent vous sauver vous mêmes, ils viennent vous guérir de vos craintes, de vos haines, de vos doutes, de votre égoïsme, de votre misantropie, de votre IRRÉLIGION.

Je ne pouvais pas vous entretenir du sentiment de la *gloire* sans vous parler des ARTISTES, mais reprenons d'une manière plus directe le cours de notre enseignement.

N'oublions pas, en attachant à la phase actuelle de notre apostolat un caractère *particulier*, que la prédominance donnée *momentanément* à l'un des aspects de la vie, nécessite un rappel constant des imperfections que cette prédominance entraîne avec elle. Nous avons donc souvent à revenir sur le sentiment d'*humilité* transformée, qui est la conséquence de cette formule de notre dogme : *Aucun de nous n'est Dieu.*

La place que ce sentiment occupait dans la foi chrétienne, devait être nécessairement, à la longue, destructive de toute association entre les hommes, et pourtant on peut dire que c'est en lui que le chrétien a puisé le germe de la *liberté* humaine. Avant Jésus l'homme ignorait la liberté, et pour la lui donner, par réaction contre le despotisme, JÉSUS révéla aux esclaves l'*indépendance*. Il DÉLIA l'homme du milieu qui l'environnait, il SÉPARA le *moi* du *non moi*, le chrétien du monde; il le rendit INSENSIBLE à ses outrages, à ses chaînes, à sa misère; il lui apprit à le *mépriser* autant qu'à s'*humilier* devant Dieu.

Nous qui donnons à l'*humilité* un rang nouveau, une sainteté nouvelle; nous qui pourrons l'UNIR à la *gloire*, puisque notre gloire est pacifique, nous trouverons aussi en elle une des sources de notre moralité; elle nous défendra, comme le chrétien, de l'orgueil; mais elle nous laissera ambitionner la *gloire*; par elle nous éprouverons du bonheur à saluer la puissance, et nous nous inclinerons sans honte devant la vertu; mais elle ne nous ordonnerait pas de rougir si l'hommage nous était adressé.

A ces deux grands noms, *humilité* et *gloire*, repondent les deux sentimens qui se rattachent au sujet qui nous occupe, à la LOI VIVANTE, celui de l'*obéissance* et de l'*autorité*. La LOI VIVANTE n'aura toute sa valeur pratique qu'au moment où nous pourrons faire marcher de front l'*humilité* et la *gloire*; qu'au moment où chacun de nous sentira que sa dignité, sa liberté, consistent aussi bien dans la *soumission* que dans le *pouvoir*, dans l'amour de celui qui l'élève que dans l'amour pour celui dont il est le guide; alors seulement notre vie sera RELIGIEUSE; car nous la RATTACHERONS avec un égal bonheur à ceux qui nous l'auront transmise, et à ceux à qui nous la donnerons sans cesse. Chacun de nous éprouvera l'amour nouveau du PÈRE, l'amour nouveau du FILS; et la LOI VIVANTE ne sera plus un sujet de discussion et d'argumentation; on la voudra comme on veut une mère, parce qu'elle aime, et qu'elle est aimée, parce qu'elle donne la vie.

Certes l'affection qui nous unit entre nous est grande, et pourtant nous pratiquons depuis si peu de temps notre loi de vie et d'amour, que la famille du sang, dont les liens sont seuls restés sacrés en dehors de nous tandis que ceux de la famille politique et religieuse se brisaient, que la famille du sang, dis-je, vous offre encore des exemples de tendresse sur lesquels vous pouvez modeler votre vie apostolique ; nous ne nous aimons pas assez.

J'ai écrit dans *le Globe* (1), en m'adressant aux hommes qui redoutent de donner leur obéissance à des chefs qui les aiment : « croyez-en ceux qui, dans un monde de doute et d'égoïsme ont eu assez de foi et d'amour pour s'entourer de disciples dont le dévouement ferait pâlir les plus vives affections filiales que vous puissiez connaître. » Je l'ai dit parce que cela est, mais cela n'est par pour vous tous; et chez ceux d'entre vous qui m'aiment le plus, le sentiment qu'ils éprouvent pour moi, pour leur père, est bien loin d'être ce qu'il sera un jour, parce qu'ils ne se sentent pas soutenus, comme ils le seront, par l'amour de leurs fils. Ils sont, à cet égard, dans la position de l'homme qui n'ayant pas encore goûté les joies de la paternité, aime son père, mais d'une manière incomplète, parce qu'il ne sent pas tout ce qu'il y a d'amour dans le cœur d'un père.

On a assimilé le crime de LÈZE-MAJESTÉ au SACRILÉGE et au PARRICIDE, cela est juste. Lorsque nous sentirons comment se donne et se reçoit à chaque instant la vie; lorsque l'*obéissance* et l'*autorité* seront en vous, et se manifesteront par vous à vos *supérieurs* et à vos *inférieurs* sous la forme Saint-Simonienne, il y aura UN couple qui réunira en lui, ces deux sentimens, qui les confondra en un seul sentiment indéfinissable, qu'un seul couple peut éprouver. Ce sentiment, je vous ai préparé à en sentir la grandeur future, par ma lettre sur le CALME; mais là, un seul être, un *homme* l'éprouvait, sans pouvoir le partager avec une femme; plusieurs d'entre vous ont donc pu en être frappés, étonnés, mais non pas émus; cela devait être, car la parole de votre père était incomplète, elle manquait d'harmonie.

La vie de ce couple sera une mystérieuse exception, sem-

(1) Voir *le Globe* du 18 juin 1831.

blable à celles que Dieu présente en toutes choses à l'amour *fini* des hommes ; l'*origine* et la *fin* sont partout enveloppées pour nous de nuages que notre vue bornée ne saurait percer ; et devant ce mystère que l'infini nous rappelle sans cesse, notre FOI sait trouver des NOMS prodigieux qui brûlent, qui consument, ou qui exaltent et embellissent la vie. Le couple suprême sera senti par tous comme la première condition d'être de chacun ; son amour sera le phénomène *initial* de l'association humaine, comme SAINT-SIMON est pour chacun de nous l'initiateur, le générateur, le révélateur qui nous a fait ce que nous sommes ; car, avant toutes choses, il y a en nous quelque chose de SAINT-SIMON. Alors on sentira, soit d'une manière *mystique*, soit d'une manière *palpable*, pendant l'*absence* ou par la *présence*, le LIEN d'amour qui UNIRA toutes les existences, et qui RATTACHERA, par les nœuds d'une HIÉRARCHIE sacrée, tous les êtres entre eux, et avec le COUPLE SUPRÊME en qui Dieu aura mis la puissance de gouverner le monde ; et lorsqu'une main impie tentera de rompre le LIEN auquel toutes les existences sont attachées, lorsqu'un des enfans de la grande famille déchirera le sein de sa mère ou brisera le cœur de son père, le deuil et l'effroi se répandront sur toute la terre, et un chœur immense s'écriera : SACRILÉGE! PARRICIDE !

Chers enfans, n'affligez point celui qui vous donne à chaque instant sa vie ; songez à lui, venez à lui lorsque vous doutez de la moralité de votre pensée et de vos actes ; son souvenir ou sa présence vous donneront le calme en vous révélant votre destinée ; ayez confiance en lui, s'il se trompe sur votre avenir, c'est à lui, c'est près de lui, et c'est par lui que vous trouverez ce que sa prévoyance *imparfaite* n'aura pas pu *d'abord* découvrir : il est la LOI VIVANTE que Dieu vous a donnée pour vous conduire; il vous inspire, et il s'inspire en vous de tous les progrès que l'humanité doit accomplir. Ne sentez-vous pas que son amour pour vous est une condition puissante de sa MORALITÉ ; eh bien! l'amour que vous aurez pour lui sera une garantie puissante de la vôtre.

Mais cette base VIVANTE de la moralité, n'est pas la seule que Dieu ait donnée aux hommes ; elle ne leur suffirait pas. L'homme reçoit du milieu qui l'entoure, l'inspiration de l'acte qu'il doit accomplir; et si l'humanité trouve EN ELLE des conditions de sa foi religieuse, elle en trouve aussi dans CE QUI N'EST PAS ELLE; le monde entier lui parle d'ordre et la pénètre d'harmonie; la terre l'appelle au progrès, et les astres et le ciel tout entier l'y convient.

Cette foi est encore bien faible aujourd'hui dans nos cœurs ; les esprits forts la traiteront de superstition vaine ; tout a été DÉLIÉ depuis trois siècles, les hommes eux-mêmes ne se sentent plus UNIS entre eux, ils ISOLENT, ils SÉPARENT leurs destinées les uns des autres ; comment concevraient-ils un LIEN entre leur existence et les destinées du monde ? Et toutefois leur philosophie mécanique a souvent dit dans ses formules algébriques que l'*homme était le produit des circonstances qui l'entourent:* elle a dit une *demi*-vérité, et voilà pourquoi nous sentons la *beauté*, l'*utilité* et toute la *sainteté* du CULTE : voilà pourquoi nous appelons les ARTISTES à nous. Au nom de Saint-Simon, ils ont à peine écrit et parlé, ils n'ont point encore chanté, gravé, bâti; ils ne nous ont point entourés de sons, de formes, de couleurs; le *symbole* nous manque.

Notre apostolat n'est pas encore soutenu et inspiré par les créations des arts; les formes mesquines et souffrantes que nous offre aujourd'hui la société malade sont même les seuls moyens qui nous sont donnés pour réchauffer et réveiller les hommes par qui seront conçues et réalisées les formes inspiratrices de l'avenir : tout est à créer de nouveau, car tout est en ruines; le monde chrétien est muet, et l'athéïsme crie de toutes parts. Et cependant un jour la loi morale nouvelle, la loi de progrès et d'amour, la loi d'association universelle, sera empreinte en caractères ineffaçables dans les cœurs; elle y aura pénétré par tous les sens; l'ARTISTE l'y aura gravée si profondément, que, dans la solitude même, le *souvenir* sera aussi puissant que la *réalité;* car ce ne sera pas seulement dans les lieux habités et embellis par l'homme, ce ne sera pas seulement dans les temples et dans les cités que l'homme saura lire la loi morale formulée par de puissans symboles ; le monde entier, divin hiéroglyphe, dont Saint-SIMON a donne la clef à l'humanité, présentera dans chacun de ses *signes* un rappel constant à la VOLONTÉ DE DIEU : car Dieu parle HORS DE NOUS comme il parle EN NOUS, et nous *touchons* et nous *voyons* sa VOLONTÉ dans la nature.

Toutes choses sont LIÉES, HARMONISÉES, HIÉRARCHISÉES dans l'univers; toutes choses ont un *sens* et une *utilité* pour l'homme , et l'homme impose son *esprit* et sa *forme* à toutes choses; cette COMMUNION de l'humanité et du monde, c'est pour chacun le mystère de sa vie, la raison suprême de sa moralité, le fondement de sa foi ; c'est l'amour universel qui enfante et détruit, qui conserve et qui change, dans le temps et dans l'espace, pour l'éternité et dans l'immensité, c'est DIEU. L'homme isolé des autres hommes n'a plus l'indispensable besoin d'un scapulaire ou d'une hostie, du signe de la croix ou du son d'une cloche, pour sentir et comprendre la PRÉSENCE RÉELLE de Dieu; il entend son *verbe* et touche sa *chair* en tout temps, en tous lieux; sans cesse il COMMUNIE, non plus sous les *deux espèces* mystiques qui servirent à l'*enseignement* du genre humain, mais dans la réalité VIVANTE où il *puise*, et sur laquelle il *répand* la part d'amour, la grâce divine qui est sa VIE.

Ce n'est pas seulement parce que l'homme appartient à une société d'*hommes*, à une hiérarchie spéciale et *finie*, c'est aussi parce qu'il est membre de la cité UNIVERSELLE, de l'INFINIE hiérarchie des mondes, qu'il est RELIGIEUX, MORAL, PROGRESSIF, AIMANT, qu'il VIT. Et si, parmi les hommes, le chef suprême est la LOI VIVANTE pour tous, c'est parce qu'il est le LIEN, l'ANNEAU par lequel l'humanité tout entière est le plus puissamment RATTACHÉE à la terre, aux astres, au ciel, à TOUT CE QUI EST, à DIEU. Lorsque ce sentiment aura pénétré les cœurs, lorsque l'on comprendra que c'est lui qui inspire au CHEF SUPRÊME la puissance d'association et de progrès que Saint-Simon est venu révéler à ceux qui veulent gouverner les hommes, alors on ne discutera plus sur l'AUTORITÉ et la LIBERTÉ, on sentira et l'on bénira la LOI VIVANTE.

CINQUIÈME ENSEIGNEMENT.

7 DÉCEMBRE 1831.)

MORALE.

Dans nos premières réunions, j'ai posé les bases sur lesquelles je vais appuyer toutes les idées déjà émises sur la MORALE de l'avenir, idées qu'il me tarde de vous développer parce qu'elles ne sont pas encore arrivées à vous d'une manière régulière et complète. Je vous ai ramenés, sous plusieurs formes, au dualisme Saint-Simonien, en vous faisant sentir le lien qui existe entre tous nos travaux *dogmatiques* jusqu'à ce jour, et en insistant sur le caractère particulier de notre apostolat, c'est-à-dire sur la réhabilitation de la CHAIR, par la constitution du CULTE, l'organisation de l'INDUSTRIE, et l'appel des FEMMES.

Avant d'aborder ici les questions qui ont plus particulièrement agité le collége, et qui ont servi de prétexte ou de motif véritable à plusieurs dissidences, j'aurai encore besoin d'appeler votre attention et vos souvenirs sur ce que nous avons dit des ARTISTES et de l'art. Et en effet, puisque nous allons parler des PASSIONS humaines, il est bien de nous rappeler ce que nous avons dit sur ceux qui les éprouvent d'une manière puissante, et qui les expriment sous des formes qui pénètrent les cœurs, je veux dire les ARTISTES, parce qu'en eux elles se manifestent par des nuances plus tranchées, plus *abstraites*, plus faciles à *étudier*, à *observer* que dans le PRÊTRE qui doit les HARMONISER toutes.

Nos travaux sur l'art ont eu jusqu'ici un caractère plus particulièrement *dogmatique*, un caractère d'*esthétique;* ils ont été bien plutôt les produits d'une *science nouvelle* que les créations d'un SENTIMENT *nouveau*, revêtues de formes *nouvelles*. L'analyse que nous avons faite du développement de l'humanité nous a permis d'envisager l'emploi successif de différentes formes de l'art, selon le progrès de la civilisation dans la série historique. L'art PAÏEN et l'art CHRÉTIEN, la poésie du CULTE et celle du DOGME, voici les termes fréquemment employés par nous pour constater la différence qui existe entre les deux formes capitales de l'ART, correspondantes au dualisme primitif, MATIÈRE et ESPRIT, INDUSTRIE et SCIENCE.

Nous savons que l'avenir réserve une gloire et une puissance égales à l'une et à l'autre de ces deux formes de l'art, tandis que le passé n'a pas eu conscience de leur association progressive, du LIEN qui devait les unir, et les faire concourir également à l'œuvre commune. Nous savons aussi que certaines croyances religieuses ont développé ou négligé plus ou moins l'une ou l'autre de ces formes; mais nous savons encore que si nous envisageons le progrès humain dans son ensemble, dans l'orient et dans l'occident, au nord et au midi, nous verrons l'humanité tout entière, grandissant sous ces deux aspects, accroître sa *puissance* sur le monde et ses *richesses*, *embellir* le globe et s'*embellir* elle-même, perfectionner son INDUSTRIE, et aussi étendre le champ de son *in-*

telligence, puiser chaque jour de nouvelles forces dans son *expérience* et dans sa *prévoyance*, perfectionner sa SCIENCE.

Or, s'il nous a été facile d'analyser l'ART, et de découvrir dans ses productions des *caractères* différens, bien tranchés; si nous avons pu signaler dans le PRÊTRE la puissance d'harmoniser, d'unir ces caractères; si nous avons pu, sur notre dogme, élever, pour ainsi dire, un nouveau Parnasse, et y grouper les muses dans un ordre nouveau, nous avons dû comprendre que les artistes eux-mêmes avaient des CARACTÈRES différens, et que leurs *vertus* et leurs *vices* étaient dissemblables, selon la forme de l'art qui était leur vie, leur poésie, leur ame.

L'ART le plus grand n'est plus pour nous d'HARMONISER des *idées* ou des *choses*, des *sons* ou des *formes*, mais de RELIER des HOMMES: il nous importe donc de connaître les caractères, les sentimens, les passions, afin de distinguer ou d'unir, de séparer ou de rapprocher les hommes, selon leur nature propre, afin de les NOMMER selon leur AMOUR, de les *classer* selon leur *vocation*, de les *rétribuer* selon leurs *œuvres*.

Si l'ART a trois formes, ainsi que nous l'avons bien souvent enseigné, n'est-ce pas dire que, dans la nature humaine, trois *caractères* différens se manifestent, qui correspondent à l'exaltation spéciale de l'*esprit* ou des *sens*, et à l'AMOUR qui harmonise la *pensée* et l'*acte*, l'*idée* et la *forme*. Non-seulement cette différence de caractères doit exister dans les individus qui *produisent* l'art, mais aussi dans ceux qui le *consomment*; je me sers exprès de ces termes économiques, pour avoir l'occasion de dire que j'ai parfaitement en vue la société des TRAVAILLEURS, et que si je m'occupe du sort du CONSOMMATEUR aussi bien que de celui du PRODUCTEUR, je ne songe nullement à celui des OISIFS qui prétendraient consommer sans avoir produit ou sans produire.

Il y a des individus qui produisent et consomment par l'*esprit*, d'autres par les *sens*, et d'autres encore qui vivent d'une vie d'AMOUR, entre les premiers et les seconds, les unissant, les RELIANT, et qui par conséquent éprouvent les sympathies des uns et des autres, avec la différence qu'elles sont HARMONISÉES en eux au lieu d'être spécialisées, isolées, *abstraites*, exclusives même. Le *caractère* de ces derniers vous est surtout connu, c'est celui du PRÊTRE, et ce que vous savez de la LOI VIVANTE vous permet d'apprécier la moralité vraiment RELIGIEUSE qui anime l'homme dont la vie entière est consacrée à faciliter l'UNION des hommes de la *chair* avec ceux de l'*esprit*, l'ASSOCIATION de l'*industrie* et de la *science*, l'HARMONIE des *praticiens* et des *théoriciens*, la COMBINAISON du *dogme* et du *culte*, le PROGRÈS simultané de l'*intelligence* et de l'*activité* humaines.

Je me complais à faire repasser sans cesse sous vos yeux ces *dualismes*, avec le LIEN qui constitue cette RELIGIEUSE TRINITÉ que SAINT-SIMON nous a révélée, parce qu'il n'y a pas pour nous d'autres sources où nous devions puiser notre AMOUR, notre *science* et notre *puissance*.

Déjà dans nos travaux sur l'ART nous avions poussé plus loin nos divisions ternaires; ainsi nous avions décomposé l'art du *dogme* et l'art du *culte* en trois branches. Je rappelle ces divisions pour vous répéter ce que nous avons dit alors et chaque fois que nous décomposons, que nous analysons la vie; savoir: que nos divisions n'ont rien d'*absolu*, qu'elles indiquent seulement des *prédominances*, et même que toute abstraction poussée à l'extrême, conduit à la monomanie ou au délire, à l'absurde ou au vice, car la mission du prêtre consiste en partie à EMPÊCHER les *spécialités* trop prononcées de s'*abstraire* et de se prononcer encore plus, comme elle consiste d'ailleurs à leur garantir une SATISFACTION de leurs goûts, appropriée aux exigences de temps et de lieu, aux besoins de la société dans laquelle ces *spécialités* se manifestent.

Toutes ces nuances diverses dans l'ART, correspondent, ai-je dit, à des nuances dans les CARACTÈRES des individus qui s'en occupent; ils AIMENT, ils *pensent*, ils *agissent* différemment, et leurs œuvres font foi de cette diversité; ils s'attachent à des ÊTRES, à des *idées*, à des *formes* qui reflètent leur propre vie ou dont ils sont eux-mêmes les miroirs fidèles; de telle sorte que, sans l'influence du PRÊTRE, cette différence qui, pour lui, est HARMONIQUE, SOCIALE, RELIGIEUSE, deviendrait *discordante désordonnée*, *irréligieuse*, parce qu'il pose à *chacun* la limite qui convient au bonheur de *tous*, parce qu'il trace le cercle où l'*individualité* peut se manifester d'une manière *légitime*, parce qu'il lui est donné de sentir, à un degré supérieur, les exigences de l'ORDRE et celles de la LIBERTÉ.

Il faut une vie très-puissante pour UNIR deux individus de CARACTÈRES différens. Il faut une vie puissante pour les sentir et les comprendre, et pour les déterminer, par l'affection qu'on éprouve pour eux et qu'on leur témoigne, à se rapprocher, à s'ASSOCIER; car ce n'est pas tant par l'amour qui existe entre eux qu'on provoque une pareille union, que par l'amour *commun* que leur inspire pour lui l'homme qui, les aimant l'un et l'autre, les rapproche l'un de l'autre, parce qu'il les rapproche d'*abord* tous deux de lui. Tous, vous avez dû éprouver cette difficulté, non-seulement dans votre vie apostolique, mais dans le monde, mais dans vos familles; car aujourd'hui qu'il n'existe plus d'église, il faut bien que chacun soit quelque peu prêtre; heureux ceux d'entre vous qui ont souvent réussi dans ce pénible et cependant bien doux sacerdoce! heureux ceux qui ont concilié, soit en rapprochant, soit aussi en *éloignant*, des êtres qui ne se méconnaissaient que parce qu'ils n'étaient pas, l'un par rapport à l'autre, dans une relation conforme à leurs caractères, trop *rapprochant* ou trop éloignés l'un de l'autre pour s'apprécier à leur véritable valeur!

Telle est la vie du prêtre; car c'est lui qui classe chacun selon sa vocation et qui lui assigne le milieu favorable à son progrès; c'est lui qui lie et qui délie, parce qu'il sent ce que chacun repousse et ce que chacun attire. Le PRÊTRE, par la puissance d'attraction qu'il exerce, groupe autour de lui, dans la sphère que son amour embrasse, des individualités qui se *cherchent* ou s'*évitent* entre elles, et qui, sans lui, se *confondraient* jusqu'à l'IDOLATRIE la plus grossière ou se *fuiraient* jusqu'à la HAINE la plus sauvage ; car s'il en est parmi elles, qui doivent être *étroitement* unies, il en est aussi qu'il tient, les unes par rapport au autres, aux deux *extrémités* opposées des diamètres de cette sphère dont il est le centre, et qui, véritables *antipodes* du monde moral, ne peuvent se transmettre et échanger tout ce qu'elles ont d'amour social que par l'intermédiaire du PRÊTRE.

Lorsque j'ai posé les termes du *dualisme* MORAL, j'ai dû nécessairement avoir en vue ces deux *extrêmes*, ces deux *pôles* de la vie humaine, et de même qu'en politique nous signalons sans cesse, autour de nous, les hommes du *mouvement* et les *rétrogrades*, j'ai parlé de *mobilité* et d'*immobilité* dans le monde moral. J'aurais dû dire peut-être *mobilité* et *constance* ou mieux encore *mobilité* et *entêtement* pour que ces deux termes fussent également RÉPROBATIFS ; et toutefois j'aurais mieux aimé désigner ces deux faces de la vie par deux termes APPROBATIFS, car l'une et l'autre sont sainte ou doit le devenir; mais la faute de ma parole ne vient pas de moi, elle tient à l'influence encore vivante du christianisme qui nous gêne chaque fois que nous cherchons à réhabiliter ce qu'il a méprisé, à *sanctifier* ce qu'il a *réprouvé*. Ainsi nous avons été obligés de prendre une foule de précautions oratoires, et de circonlocutions embarrassées, et même de nous servir de termes qui sortaient avec peine de notre propre bouche, lorsque nous avons annoncé une religion qui donnait à l'*égoïsme* une place aussi belle qu'à l'*abnégation* ; de même aujourd'hui, le monde est encore tellement pénétré des traditions de la morale chrétienne, que les affections *profondes*, *durables*, les caractères *posés*, *réfléchis*, *méditatifs*, *raisonnables*, et les vertus telles que la *modestie*, la *réserve*, l'*abstinence* même, voire la *continence*, jouissent, sinon de FAIT au moins de DROIT, du privilége de prendre le pas sur les passions *vives* et *ardentes*, sur les caractères *énergiques*, *bouillans*, *enthousiastes*, *exaltés*, sur l'*assurance*, la *confiance* en *soi*, l'*ambition*, la *gloire*, enfin sur l'amour du *luxe*, des *plaisirs*, de l'*éclat*, du *brillant*, de la *beauté* et de toutes les *joies* que l'Église nommait profanes.

L'*immobilité* et l'*inconstance* sont deux VICES sans doute, et toutefois le désir de *changer* et celui de *conserver* sont deux VERTUS indispensables au PROGRÈS. L'homme du PROGRÈS est celui qui sent le mieux ce que *doivent* faire et ce que *peuvent* faire le *conservateur* et le *novateur*. Et il est bon de vous rappeler ici que ces deux noms sont ceux que SAINT-SIMON a plusieurs fois donnés aux personnages qu'il fait figurer dans ses enseignemens *politiques* et *religieux*; je voudrais, à l'exemple de notre maître, les introduire dans l'enseignement que je vous donne sur la MORALE.

L'homme du PROGRÈS, nous l'avons déjà remarqué, a été jusqu'ici esclave, puisque toutes les sociétés ont été constituées pour l'*immobilité* ou la *rétrogradation*; il n'a donc jamais pu se trouver dans la position que l'avenir lui réserve; il n'a jamais pu donner la main à l'homme de l'*avenir* et à l'homme du *passé*, à celui qui veut *changer* et à celui qui veut *conserver*; il n'a pas pu leur donner la main, et dans la lutte qui a existé entre eux, il a été jusqu'ici comprimé, froissé, méconnu et méprisé.

. . . . . Je cherche en ce moment les formes sous lesquelles je dois directement vous présenter mes idées sur l'avenir MORAL, car dans tout ce que je viens de vous exposer, je n'ai fait, pour ainsi dire, que préluder à cet enseignement, et nous préparer, moi à donner et vous à recevoir des idées qui vous ont été jetées un peu au hasard, dans la confusion où nos événemens intérieurs nous ont placés depuis peu. Vous avez déjà entendu presque tout ce que je vais vous dire; mais vous ne l'avez reçu que par fragmens détachés, par des conversations avec moi, ou avec mes fils du collége, ou bien même avec des dissidens; vous n'avez pas eu d'enseignement dogmatique complet. Je vais donc remanier ces premiers élémens qui vous sont acquis, en les prenant dans l'ordre où ils se sont présentés à moi, afin que vous puissiez, en même temps que ces idées se dérouleront devant vous, vous rendre compte du mouvement qu'elles ont imprimé à notre famille, et de la situation où elles nous placent aujourd'hui.

J'ai senti que, parmi toutes les femmes, celles qui devaient le plus vivement accueillir la révélation nouvelle, étaient celles sur lesquelles pèsent le plus cruellement les anathèmes chrétiens, et qui par conséquent sont le plus exposées à tous les désordres qui résultent, d'une part de l'impuissance actuelle du christianisme, de l'autre de la réaction critique, qui depuis un siècle surtout s'est manifestée contre l'église de Jésus; car cette lutte *anarchique* n'a pu s'accomplir qu'avec des armes qui n'avaient pas été sanctifiées par l'Église, et qui avaient même été sévèrement réprouvées par elle; et alors combien de larmes et de douleurs, combien de vices et de crimes ont signalé cette guerre du *profane* contre le *sacré*, de l'*état* contre l'*Église*, de l'*enfer* des chrétiens contre leur *paradis*, de leur *diable* contre leur *dieu*, de la *chair* contre l'*esprit*, et ajoutons même de la *femme* contre l'*homme!*

Au milieu de ces combats, la *femme* dans l'ordre moral, et l'*industrie* dans l'ordre politique ont fait les mêmes efforts d'affranchissement; les mêmes instrumens, l'or et la ruse, leur ont servi à briser leurs chaînes. Toutes deux se sont révoltées sourdement contre un ordre social où elles étaient traitées en mineurs; toutes deux ont voulu l'égalité avec leurs anciens maîtres; l'INDUSTRIE a détrôné le clergé, après l'avoir acheté et corrompu par ses *richesses*, lui qui prêchait la *pauvreté;* et l'homme a été aussi détrôné par la *femme,* depuis le jour où il a consenti à se vendre à elle pour une *dot*, lui qui jusqu'alors l'avait toujours achetée et vendue.

J'aime à faire ce rapprochement, afin de vous rappeler sans cesse que notre œuvre apostolique consiste principalement dans L'APPEL DE LA FEMME et dans la RÉHABILITATION DE LA CHAIR, par l'organisation politique de l'INDUSTRIE et la création d'un CULTE nouveau.

Mais la révolte, la ruse et la toute-puissance de l'or ont eu un double résultat. Si par ces moyens l'église a été renversée, les liens qu'elle formait dans l'ordre moral ont été brisés et foulés aux pieds ; la femme et la chair se sont *affranchies*, mais elles ne sont point *associées*, la femme à l'homme, et la chair à l'esprit : d'une part, l'*industrie* est sans *prévoyance*, sans *règle*, sans *ordre*; les *industriels* font peu de cas des *savans*, et en général les *praticiens* estiment peu les *théoriciens*, ils les rétribuent comme ils étaient eux-mêmes salariés jadis dans leur servage par les *clercs*, mesquinement et comme des *serviteurs*. La concurrence écrase les travailleurs ; aucune position n'est stable, chaque producteur voit dans son voisin un RIVAL qui lui enlève sa clientelle ; les habitudes, les goûts, les modes *changent* avec une rapidité destructive ; la *qualité* n'est plus rien, la *quantité* est tout; le *mouvement* triomphe, les *stationnaires* sont écrasés sans pitié; enfin l'industrie est *libérale*, *révolutionnaire*, *républicaine*, gloire à elle ! ses *maîtres* sont vaincus, et leurs priviléges détruits ; mais le temps presse : hâtons-nous de porter notre parole de paix et d'association dans ce monde de faillites et d'émeutes, de jeu et de fraude, de misère et de débauche, de suicides et de meurtres.

D'une autre part, la femme n'est plus l'esclave de l'homme, et si, selon la LOI, elle est *mineure* (1), selon les MŒURS elle est loin de l'être ; et il n'est pas difficile de voir que, depuis deux siècles, c'est sur le MARIAGE que roule toute la critique de la loi morale chrétienne ; depuis Molière jusqu'à nous, c'est avec l'*adultère* que la poésie et les arts sont entrés dans nos cœurs ; en lui est le secret des émotions nobles, bourgeoises et populaires ; il est le nœud de la tragédie, de la comédie, du vaudeville, du roman, de l'histoire, et même de toutes les œuvres du moraliste ; si bien qu'une clameur universelle a

(1) Pour continuer le parallèle de l'affranchissement de l'industrie avec celui de la femme, il est bon de rappeler ici que le Code de *Commerce* est beaucoup plus libéral que le Code civil envers les femmes.

fait retentir aux oreilles de l'un des vicaires du Christ un mot prononcé par la voix la plus puissante des temps modernes, par Napoléon, le **DIVORCE**! mot terrible pour l'Église qui se souvenant encore de l'avoir entendu proférer par Henri VIII, le redoutait presque autant que le cri poussé par Luther contre le CÉLIBAT des prêtres.

Mais ce n'est pas tout; en parlant du *divorce* et de l'*adultère*, je n'ai pas dit la vie tout entière de la femme, sa vie saillante, sa vie de douleurs, de lutte, sa vie d'affranchissement, d'indépendance, sa vie de révolte contre le cloître et d'insurrection contre MARIE : Voltaire a osé salir, à la face du monde, la vierge de France; eh bien! moi, j'oserai dire au monde que je viens laver la fille de la classe la plus pauvre et la plus nombreuse, la fille du peuple, des souillures de la PROSTITUTION!

Nous ne venons pas, comme Jésus, chasser les marchands du temple; l'INDUSTRIE est sainte. Nous ne venons pas, comme saint Paul, dire à la FEMME de se *voiler* et de se *taire* dans le temple; son *verbe* et sa *chair* sont agréables à Dieu: et si nous attendons d'elle, comme l'Eglise, la *modestie*, la *réserve*, la *pudeur*, la *délicatesse*, la *convenance*, la *constance*, la *durée*, la *méditation*, la *réflexion*, la *contemplation* jusqu'à l'EXTASE, nous savons aussi que Dieu a mis en elle l'amour du *luxe*, de l'*éclat*, du *brillant*, de la *parure*, les désirs d'*ambition* et de *gloire*, les joies du *bal*, du *concert*, des *fêtes* et de leur *pompeux* spectacle, et les rêves d'une *exaltation* et d'un *enthousiasme* qui vont jusqu'au DÉLIRE.

Je parlerai donc surtout des femmes, et pour les femmes qui ont quitté le temple pour aller au théâtre, qui ont déserté le confessionnal et la sainte table pour l'éblouissante communion du bal; de celles qui lisent *Clarisse*, la *Nouvelle Héloïse* ou *Corinne*, et n'ont jamais ouvert un Évangile, un missel ou des Heures; qui ne se voilent pas comme les VIERGES de Raphaël, et qui étudient plutôt les grâces de VENUS au Musée; qui sont fières de leur beauté, et ne comprennent point les filles de MARIE venant déposer la leur aux pieds du mystique époux. Toutes ces femmes n'ont jamais pu trouver dans la loi chrétienne la justification de l'amour que Dieu leur avait donné ; toutes, au moment où la lutte s'est engagée contre le christianisme, ont donc protesté contre l'Eglise, dans l'intérieur du foyer domestique, comme Luther avait protesté dans l'enceinte même de l'église.

En présence de ces femmes, ému par leurs douleurs et par les désordres que leur révolte enfante, frappé de la puissance prodigieuse qui est étouffée et torturée de mille manières dans ces êtres réprouvés par l'Eglise, anges rebelles qu'elle a en vain foudroyés depuis dix-huit siècles, filles de Satan qu'elle a crucifiées dans leur *esprit*, ne pouvant les crucifier dans leur *chair*, démons qu'elle a méprisés, avilis, damnés, j'ai glorifié DIEU, SAINT-SIMON et MOI-MÊME: Dieu de m'avoir révélé dans ces femmes sa volonté éternelle de PROGRÈS, qu'il a gravée sur toutes les grandes misères du peuple; SAINT-SIMON, de m'avoir pénétré du sentiment qui nous ordonne d'améliorer le sort de la classe la plus pauvre et la plus nombreuse, et MOI, votre père, d'avoir assez de foi et de courage pour me placer en face du monde et de vous-mêmes, et appeler dans le temple nouveau tous les hommes et toutes les femmes que l'église chrétienne a précipités dans son enfer, parce qu'elle n'était point assez vaste et assez belle pour les contenir, parce qu'elle était trop triste, trop sombre, trop monotone pour les y attirer.

Mais quel est donc cet avenir qui donnera *satisfaction, justification*, SANCTIFICATION, à ces éternels GENTILS que Rome n'a pas pu convertir et qui ont mieux aimé se courber sous le cimeterre de Mahomet que de s'agenouiller devant la croix où la chair fut martyrisée? Quel est ce temple resplendissant de richesses et retentissant d'allégresse, où seront religieusement attirés les cœurs ardens, passionnés, enthousiastes, que les prêtres chrétiens renvoyaient avec mépris et colère à Satan, pour les punir de n'avoir pas renoncé à ses pompes? Quel est le sacerdoce aimant qui comprendra ce que Jésus et ses ministres, malgré tout leur amour, n'ont pas dû ou n'ont pas pu comprendre ?

Un HOMME (cet homme est SEUL) vous parle et parle au monde des rapports nouveaux de l'HOMME et de la FEMME. Un homme SEUL aussi, MOÏSE, a pu dire la LOI de l'homme et de la femme, *Adam* et *Ève*, parce que la femme était alors *esclave*. Des hommes, SEULS encore, les évangélistes, PAUL et tous les pères de l'Eglise, ont pu dire la LOI de l'homme et de la femme, *Jésus* et *Marie*, parce que la femme était encore *mineure;* mais par SAINT-SIMON, la femme sera un jour L'ÉGALE de l'homme, et pourtant c'est encore un homme SEUL qui va parler de L'HOMME et de LA FEMME ; sa parole n'est donc point un ORDRE, une LOI, un COMMANDEMENT, c'est un APPEL.

C'est un APPEL à l'AFFRANCHISSEMENT, à la *liberté*, à la *vérité*, fait à la femme, pour qu'elle vienne s'ASSOCIER à nous en toute *vérité*, en toute *liberté*.

Ma parole n'est point un COMMANDEMENT je le répète, je vous ai dit ce qui me l'avait inspirée, mais je veux encore une fois vous rappeler quel est son *but*.

Nous devons faire cesser, dans les relations de l'homme et de la femme, la *violence* et le *mensonge*, chez l'homme la violence, chez la femme le mensonge ; c'est dire que ma parole d'*homme*, inévitablement, sera *rude* encore, *brutale* peut-être, que sais-je ? *grossière !* Dieu l'a voulu ainsi ; je suis SEUL. C'est dire également que la parole des femmes sera embarrassée voilée, obscure, et même . . . . pourquoi m'arrêterais-je ? ne viens-je pas de dire que j'étais SEUL ? leur parole sera d'abord dissimulée, fausse, mensongère ; elles ont été si long-temps esclaves !

Eh bien ! je veux qu'à la *rudesse* de ma parole, à la sainte *brutalité* de mon appel, la femme impose le cachet de sa PUDEUR et la DÉLICATESSE de son ame ; je veux qu'elle ne puisse pas m'accuser d'avoir tenté de m'arroger le pouvoir que j'aime en elle ; car j'attends qu'elle jette le voile mystérieux de sa GRACE, là où j'aurai prodigué la lumière de mon éclatante VERITÉ.

Dans la réunion solennelle de notre famille, où, pour la première fois, je vous ai parlé des rapports de l'homme et de la femme dans l'avenir, j'ai commencé par diviser le monde moral en deux parts, ainsi que nous l'avions fait en *politique* et en *philosophie*, je vous ai montré ces deux CARACTÈRES bien distincts, dont j'ai signalé les écarts par les noms de DON JUAN et d'OTHELLO : aujourd'hui encore je vous les ai rappelés en les désignant par deux mots fréquemment employés par notre maître : NOVATEUR et CONSERVATEUR ; et chaque fois je vous ai indiqué la mission du PRÊTRE comme ayant pour but de relier ces deux CARACTÈRES distincts, en donnant à l'un et à l'autre satisfaction *légitime* de leur amour.

Il me tardait de pouvoir m'expliquer entièrement sur l'action du sacerdoce sous ce rapport ; maintenant je puis parler et vous pouvez m'entendre.

Le PRÊTRE est l'HOMME ET LA FEMME. Cette définition suffit pour distinguer notre sacerdoce du sacerdoce catholique, et même du ministère protestant, dans lequel la femme du ministre n'exerce aucune fonction sacerdotale.

Quelle est l'influence politique et morale du couple sacerdotal ?

Sous le rapport *politique*, le clergé a pour mission d'unir et de développer la *science* et l'*industrie* humaines ; il emploie dans ce but tous les secours de l'ART pour frapper les masses ; les ARTISTES éveillent l'*intelligence* et l'*activité*, ils charment l'*esprit* et les *sens ;* les cérémonies religieuses rappellent à la *pensée* ou mettent sous les *yeux* des fidèles les symboles *spirituels* ou *matériels* de la foi ; comme le temple de Jérusalem, l'église nouvelle est parée des magnifiques conquêtes de l'*industrie*, comme la cathédrale du moyen âge elle renferme les trésors de la *science* ; ses voûtes répètent la parole, le chant et l'harmonie qui inspirent le *recueillement*, la *méditation* et la *prière*, et l'architecture. la sculpture, la peinture animent la pierre et lui donnent la *force*, l'*élégance* et la *beauté* qui exaltent les travailleurs.

Sous le rapport MORAL, le prêtre et la prêtresse exercent une action semblable à l'égard des fidèles ; action individuelle, *personnelle*, comme l'autre est collective et *publique* : ils éveillent l'intelligence et la force, charment l'esprit et les sens, inspirent la pensée et les actes.

Le couple sacerdotal lie ou délie l'homme et la femme, c'est lui qui consacre leur UNION ou leur DIVORCE ; car l'amour de chacun lui est révélé, puisqu'il doit retribuer chacun selon son amour. Tous lui ont *confié*, *avoué*, *confessé* leur ame ; tous viennent déposer en lui le mystère de leurs pensées et de leurs actes, les douleurs ou les joies de leur esprit et de leur chair, car le sacerdoce est HOMME ET FEMME, il est le père et la mère de tous, et son amour paternel et maternel inspire la foi au fils aussi bien qu'à la fille.

Le prêtre et la prêtresse exercent leur ministère avec toute la puissance de leur *intelligence*, mais aussi de leur *beauté* ; car le sacerdoce de l'avenir ne mortifie point sa *chair* comme le prêtre chrétien, il ne voile point sa face, ne se couvre pas de cendres, et ne se déchire pas le corps à coups de discipline ; il est BEAU autant que SAGE, il est BON.

Il est aimé parce qu'il aime, et aussi parce qu'il est éclairé, raisonnable, sage, sensible, doux, patient, réfléchi ; mais on l'aime encore parce qu'en lui est la grâce, l'élégance, le goût, l'activité, l'ardeur, la gaiété ; on l'aime parce qu'il sait le prix d'une larme, mais aussi parce qu'il sent la puissance d'un sourire : car le sacerdoce de l'avenir ce n'est pas l'homme, c'est la FEMME ET l'HOMME.

Spirituel et *temporel*, l'Église de l'avenir embrasse tout ; chaque couple sacerdotal est entouré d'une famille qui est confiée à son amour, et dont il doit unir tous les membres.

Parmi ses enfans il en est de caractères et de goûts différens que sa tendresse RELIE; les uns sont puissans par l'*intelligence*, d'autres par leur *activité*; ceux-ci ont des affections *profondes*, d'autres des affections *vives* et passagères; d'autres encore aiment la retraite, la solitude, et là au contraire sont des enfans qui cherchent le bruit, l'éclat, le monde et ses plaisirs. Mieux encore que saint Paul, il peut se faire tout à tous pour les amener tous; car le sacerdoce de l'avenir c'est L'HOMME ET LA FEMME

J'appuie et je reviens souvent sur cette différence radicale du sacerdoce de l'avenir et des anciens sacerdoces, toujours MALES, et par conséquent toujours exclusifs et despotiques; j'y reviens, afin de repousser à l'avance les difficultés qui s'opposeraient à ce que je fusse compris par ceux qui verraient toujours sous le nom de prêtre un HOMME seul.

Il est inutile que je m'arrête sur d'autres difficultés qui tiendraient à ce qu'on supposerait l'ABUS D'AUTORITE de la part du prêtre : vous savez qu'avec de pareilles objections tout peut être contesté : certes l'*abus* sera possible, puisque le sacerdoce sera puissant; mais si l'on suppose que le couple qui, par définition et par fonction, doit MORALISER, emploie précisément sa puissance à DÉMORALISER, on fait un cercle vicieux, et pas autre chose.

Toutefois cette *double* influence que j'attribue au sacerdoce de l'avenir a soulevé une question grave, qui témoigne de la puissance qu'exerce encore aujourd'hui la foi chrétienne, par son anathème contre la *chair*. On admet en général avec autant de facilité les avantages d'une direction *spirituelle*, que l'on redoute et que l'on repousse l'idée d'une influence *charnelle*, exercée par le sacerdoce sur les fidèles. Ici l'on voit la SÉDUCTION, là on voit l'ÉDUCATION; et pourtant la CAPTATION selon l'*esprit* est tout aussi facile, tout aussi dangereuse que la SÉDUCTION par les *sens*; le *jésuitisme* est aussi funeste que peut l'être chez un homme immoral le *magnétisme*.

Mais il ne s'agit ici ni de jésuites ni de charlatans; il s'agit de l'éducation MORALE par l'*esprit* et par les *sens*, division capitale, qui repose sur ce que, chez certains êtres, les *sens* sont plus développés que l'*intelligence*, et réciproquement.

Lorsqu'après avoir jeté les yeux sur le clergé chrétien, et examiné tout ce qu'il a produit de grandeur et de puissance, lui qui n'envisageait avec amour qu'une face de la vie humaine, celle qui était relative au développement de l'*esprit*, on porte son regard dans l'avenir, il est difficile de ne pas éprouver un sentiment d'admiration; car on y découvre un sacerdoce s'occupant avec autant de zèle de l'ÉDUCATION de l'humanité, sous le rapport *physique*, *charnel*, *industriel*, que sous le rapport *intellectuel*, *spirituel*, *scientifique*. Alors on comprend la vérité de ce qui a si souvent été dit sur l'abâtardissement *charnel* de l'espèce humaine, depuis la chûte du paganisme et sous l'influence du christianisme, surtout depuis la chute de ce qu'il y avait encore de païen dans le monde chrétien, c'est-à-dire depuis la destruction de la noblesse, du militarisme et des races royales. On comprend aussi comment, par les progrès récens de l'*industrie*, qui réclame chaque jour une importance sociale plus grande, la famille européenne va entrer dans la voie d'un progrès immense, lorsque ces élémens d'un avenir nouveau pourront être ordonnés. Aujourd'hui l'humanité est, sous ce rapport, dans la situation critique la plus affligeante, elle porte les marques du jeûne et de la macération du christianisme, et de plus elle est livrée aux désordres inséparables de la révolte de la CHAIR contre la loi d'un Dieu PUR ESPRIT. L'humanité a passé trois siècles à critiquer son ancien *dogme* et à chercher une *science* nouvelle; elle a *raisonné*, *discuté*, *argumenté*, *protesté* sans relâche; l'*esprit* profane a vaincu l'*esprit* sacré; mais c'est toujours de l'*esprit*, la *chair* est difforme: l'humanité est laide, elle a une *tête* prodigieuse; c'est un monstre comme Asmodée, qui *raisonne* effroyablement: ça remue, ça parle, mais ça n'aime plus.

Le couple sacerdotal s'occupera donc également du développement *intellectuel* et du développement *physique* des individus ; son pouvoir ne sera ni la CAPTATION ni la SÉDUCTION, mais l'AFFECTION, l'ATTRACTION ; la foi *spirituelle* qu'il excitera pour lui ne l'entraînera pas au charlatanisme, à la tromperie, au mensonge, et ne commandera pas la superstition, la crédulité et l'ignorance : de même l'attrait *charnel* qu'il excitera, (je parle du couple *homme* et *femme*, uni par le lien de l'affection la plus *profonde* sans être *exclusive*, la plus *vive* sans tomber jamais dans l'*indifférence*,) l'attrait *charnel* qu'il excitera, dis-je, ne dégénèrera pas en délire, en libertinage, en orgie, et ne commandera pas l'idolâtrie, la prosternation, l'esclavage.

Tantôt le couple sacerdotal CALMERA l'ardeur immodérée de l'*intelligence*, ou MODÉRERA les appetits déréglés des *sens* ; tantôt, au contraire, il RÉVEILLERA l'*intelligence* apathique ou RÉCHAUFFERA les *sens* engourdis ; car il connaît tout le charme de la *décence* et de la *pudeur*, mais aussi toute la grâce de l'*abandon* et de la *volupté*.

Je viens de prononcer un mot terrible pour les chastes oreilles de notre monde ; je sais tout ce que ce mot peut soulever de répugnances réelles ou mensongères ; mais je voudrais vraiment que celui qui en serait offensé vînt me dire quels sont ses lectures, ses spectacles ou ses plaisirs, quelle est sa vie. Il nous est facile de commander le silence à ceux qui seraient émus de notre parole ; il suffit de les dévoiler à eux-mêmes, et de leur demander si le monde que nous leur annonçons est moins moral et moins beau que celui dont ils font partie.

Qu'ils se taisent donc d'abord et qu'ils écoutent ; il s'agit de l'avenir de l'humanité et de faire cesser d'horribles souffrances : j'ai dit d'ailleurs que c'était un homme SEUL qui parlait, et cet homme ne veut recevoir de leçon de pudeur que de la bouche d'une femme.

Le couple sacerdotal, ai-je dit, connaît tout le charme de la *décence* et de la *pudeur*, mais il connaît aussi toute la grâce de l'*abandon* et de la *volupté* : il impose la puissance de son amour aux êtres qu'un *esprit* aventureux et que des *sens* brûlans égarent, et il reçoit d'eux l'hommage d'une mystérieuse et pudique tendresse ou le culte d'un ardent amour ; il CALME leur *mysticisme* ou leur *idolâtrie*, car il maîtrise l'*esprit* des uns et les *sens* des autres ; il respire sans crainte l'encens que porte avec elle la *parole* naïvement louangeuse et caressante des premiers, et il donne aux seconds, sans crainte encore, le *baiser* que leur regard séduisant réclame.

Je parle du couple : ce que je dis pour le prêtre, je le dis donc aussi pour la prêtresse.

Dans notre monde critique nous avons oublié cette divine influence de la dame du moyen âge ou de la vierge chrétienne sur la vie du page et du chevalier : nous ne savons plus ce que pouvait commander de dévouement sans espoir une écharpe, un regard et à peine un sourire ; mais nous ignorons surtout la puissance d'une vertueuse caresse, d'un religieux baiser, d'une sainte volupté ; il n'en est point pour nous, notre *chair* est plus souillée encore que notre *esprit*, et cette seule idée épouvante un monde qui ignore encore le pouvoir social, religieux et moral que l'avenir réserve à la BEAUTÉ.

La beauté, la grâce, la *chair*, voilà une sainte puissance que l'homme a d'abord prodiguée et profanée, qu'il a ensuite négligée et réprouvée, qu'il doit religieusement UNIR à l'intelligence, à la sagesse, à l'*esprit* régénéré. Le prêtre n'a pas su guérir les douleurs de la *chair* dans l'antiquité, ni les douleurs de l'*esprit* au moyen âge, parce qu'il ignorait l'harmonieuse UNION de la *chair* et de l'*esprit*, dont le couple de l'avenir est le vivant symbole, car le sacerdoce futur sera enfin le véritable médecin de l'AME.

Et maintenant si l'on me demande quelle est la LIMITE que je pose à l'influence que le prêtre et la prêtresse exerceront sur les fidèles, je réponds : Moi HOMME, moi, SEUL, je n'en pose aucune ; la femme parlera. La *liberté* pleine et entière que je lui offre avec toute la franchise de mon cœur d'homme, je veux qu'elle soit *libre* encore de me la refuser ou de ne l'accepter qu'en partie.

Mais j'en appelle dès aujourd'hui à la douceur, à la tendresse, à la bonté, à l'indulgence de son cœur ; au nom de Dieu et de toutes les souffrances que l'humanité, sa fille chérie, ressent aujourd'hui dans sa *chair;* au nom de la classe la plus pauvre et la plus nombreuse dont les filles sont vendues à l'oisiveté et les fils livrés à la guerre ; au nom de tous ces hommes et de toutes ces femmes qui jettent le voile brillant du mensonge ou les sales haillons de la débauche sur leur secrète ou publique prostitution ; au nom de SAINT SIMON qui est venu annoncer à l'*homme* et à la *femme* leur égalité morale, sociale, religieuse, je la conjure de me répondre, et je demande encore une fois à sa pudeur de voiler la nudité de ma parole.

LES TROIS FAMILLES,

Par E. Barrault.

ARTICLES EXTRAITS DU GLOBE.

LES TROIS FAMILLES.

PATERNITÉ SELON L'ESPRIT.

(7 MARS 1832.)

On ne s'est pas borné à nous reprocher de détruire avec la FAMILLE selon le *sang* le charme des relations *individuelles*; on nous a de plus accusés de méconnaître les besoins *politiques* de la société en prétendant confier le pouvoir à des hommes étrangers à cet ordre d'affections.

A entendre nos accusateurs, nul ne peut être le digne père de l'ÉTAT s'il n'est père de FAMILLE; et, à moins de sentir tressaillir sa chair à la vue d'enfans auxquels il a transm s la vie, à moins d'avoir bercé son cœur de toutes les émotions de la paternité, il n'apportera dans la direction des hommes qu'une inflexible âpreté. A ce compte les bons pères auraient été des princes excellens, les tyrans de mauvais pères, ou il leur aurait manqué de faire dans une FAMILLE un apprentissage de mansuétude et de bonté.

Nous savons ce que cette objection, prise dans de certaines limites, renferme de vérité. En effet, si le chef doit étendre sa prévoyante sollicitude à la vie *privée* aussi bien qu'à la vie *publique* de l'humanité, il est évident que, faute d'une initiation à la vie de FAMILLE, il ne pourrait apporter dans les relations *individuelles* qu'un tact peu délicat, une science peu pénétrante, un amour peu exalté. Nous tenons pour légitime cette exigence, et nous montrerons comment nous lui donnons une satisfaction assurée.

Mais d'abord, puisque l'on proclame avec tant d'exagération l'influence propice de la paternité *domestique* sur la paternité *sociale*, d'où vient, nous le demandons, que l'Europe chrétienne ait dû sa régénération à des hommes qui avaient solennellement renoncé à tout sentiment de FAMILLE selon la *chair*, et qui furent entre tous les plus moraux, les plus vénérés, les plus puissans aussi long-temps qu'ils furent fidèles à leur vœu, et au souvenir des paroles de leur divin maître?

Un jour, lorsqu'à JÉSUS les Juifs demandaient qui était sa FAMILLE, JÉSUS montra ses *disciples*, ceux qu'il avait *enseignés*. *Jean*, que JÉSUS aimait, et *Pierre*, qui aimait JÉSUS, étaient là. La FAMILLE était un grand nom en Judée, et les titres de père, de fils, de frère, ne se prodiguaient point, ils étaient sacrés; les liens du sang, parmi les enfans d'Abraham, avaient une immense vertu, et commandaient le respect des hommes. JÉSUS vint les briser, et le peuple *élu*, qui jusque-là n'avait formé qu'une seule FAMILLE, dissous par la révélation de la FRATERNITÉ UNIVERSELLE, se répandit sur toute la terre.

Ainsi fut fondée la FAMILLE *spirituelle* de l'église.

JÉSUS fut le nouvel ADAM, père de la nouvelle FAMILLE. La suite glorieuse de ses *vicaires* est une longue généalogie de *patriarches*, et les générations *élues*, consacrées au culte de

Dieu, offrent dans les *ordres* divers fondés par les Benoît, les Basile, les Bruno, de saintes *tribus* dont l'éclatante durée est un sujet d'admiration.

Alors de jeunes hommes et de jeunes vierges, naguère orgueilleux de leur *sang* et de l'ancienneté de leur *rang*, déposaient aux portes du temple la noblesse de leur nom pour se parer de celui qu'ils avaient reçu à leur entrée dans la vie nouvelle, de celui du saint *patron* qu'ils avaient invoqué le jour de l'enfantement mystique du baptême ; ils quittaient la maison *paternelle* pour entrer dans la maison du SEIGNEUR, *père* commun de l'humanité tout entière ; enveloppés d'une même robe, voile obscur jeté sur la pourpre aussi bien que sur les haillons, soumis à l'austérité d'une règle inflexible, morts à tous les attachemens du monde, ils nouaient entre eux les liens d'une *parenté* inouïe.

Autour de cette FAMILLE *spirituelle* vivaient des familles éparses, nobles, bourgeoises ou populaires, FAMILLES de *chair* et de *sang* au sein desquelles se transmettaient le pouvoir, les honneurs et la richesse, aussi bien que l'esclavage, le mépris et la misère ; le palais du roi, le château du baron, la maison du citoyen, la chaumière du pauvre serf demeuraient sous la loi de l'antique *patriarchie*. Là, le chef de maison aspirait à voir revivre dans celui qui était *la chair de sa chair* et *les os de ses os* sa force, sa grandeur, sa puissance ; à le voir capable de porter l'armure de ses *pères*, de ne point abaisser leur vieille bannière devant celle de l'ennemi, d'ajouter de nouveaux fleurons à leur couronne seigneuriale et de protéger leurs vassaux. Telle était l'ambition du *père* de FAMILLE, et il lui sacrifiait jusqu'à ses autres enfans. S'il eût été possible que cette PATERNITÉ du SANG se fût perpétuée seule au pouvoir, c'en était fait de l'affranchissement de la classe la plus nombreuse et la plus pauvre, dont les chaînes étaient profondément scellées dans le foyer domestique des *races* féodales.

Or le classement selon la *capacité* devait triompher de l'ordre selon la *naissance*. La hiérarchie du mérite devait fleurir un jour là où ces grandes forêts d'arbres généalogiques auraient été défrichées par la charrue des révolutions.

Pour que cette œuvre s'accomplît, il fallait donc qu'à côté de César, symbole vivant du PÈRE *charnel*, se posât le Pape, symbole vivant du PÈRE *spirituel*;

Les deux moitiés de Dieu, le pape et l'empereur!

tous deux constituant deux familles, l'une *militaire*, l'autre *pacifique*, la première fondée sur la *naissance*, la seconde sur le *mérite* : il fallait qu'en face des *châteaux* s'élevassent les *couvens*, près des *dynasties* les *corporations*, à côté des *races* les *ordres*; il fallait enfin qu'il y eût dans la FAMILLE nouvelle une énergique vitalité capable de triompher de la FAMILLE antique.

Le prêtre, entouré de ses diacres, sous-diacres, chantres et enfans de chœur, pasteur d'un nombreux troupeau de fidèles et non pas de vassaux armés, distinguait, parmi les fils auxquels il prodiguait l'*enseignement* de sa *parole*, ceux que l'*esprit* saint animait; et, selon leur FOI et leur *sagesse*, selon leur VERTU et leur *savoir*, selon l'AMOUR et la *science* de Dieu qu'il reconnaissait en eux, il les rapprochait de lui, les élevait dans la *céleste* hiérarchie, dans la sainte FAMILLE *spirituelle* dont il était le PÈRE. Ici les liens de la FAMILLE *du sang* étaient muets pour l'héritage, pour l'éducation et pour la fonction; plus de privilége de *naissance* pour conquérir les grades, les honneurs, et la puissance dans la milice sacrée. Le PRÊTRE était entouré de ceux qui AIMAIENT, *savaient* et *pratiquaient* le mieux la foi chrétienne, de ceux qui adoraient DIEU et fuyaient SATAN, de ceux qui cultivaient leur *esprit* et mortifiaient leur *chair* : ceux-là étaient sa FAMILLE.

Le moine, encore plus jaloux de se vouer uniquement à la gloire du ciel et à l'amour de la FAMILLE universelle répandue sur la terre, outre ses vœux inflexibles, mettait le cloître entre le monde et lui. Là il ramenait incessamment sa pensée de Dieu à tous ses *frères* et de tous ses *frères* à Dieu, sans souffrir que son ame fût détournée de ce sublime commerce, et il repoussait le souvenir du cercle étroit de sa FAMILLE particulière comme une tentation de Satan. En face d'une tête de mort, il décharnait lentement son cœur de toutes les affections qui circulent ou s'enflamment avec le sang, et il déchiquetait jusqu'aux dernières fibres de ses attachemens antérieurs par une méditation aussi dévorante que le ver du sépulcre attaché à sa proie. Il mettait sur la croix, toujours présente à ses yeux, sa chair cruellement macérée, et aspirait à n'être plus, pour la société profane avec ses joies, ses pompes et ses liens, qu'un cadavre. C'était dans l'extinction de ses vieux sentimens qu'il puisait la chaleur d'une charité nouvelle; dans ce morne isolement qu'il trouvait des élans et des tressaillemens d'amour pour les malheureux privés de pain ou de vérité; dans cette abnégation complète des distinctions mondaines qu'il s'animait de la haute ambition de régénérer le monde. Lié à ses *frères* pour l'accomplissement de cette mission commune, il *étudiait* leurs mérites, et développait son *discernement* en s'efforçant de leur mesurer son AMOUR et de leur distribuer les *rangs* suivant leur ZÈLE et leurs *forces*. Et maintenant que, sous l'obscurité du froc, il a dépouillé le vieil homme et rejeté les nœuds flétris de la terre, il peut, si Dieu l'appelle, prendre un digne essor vers les splendeurs du camail, et ceindre la tiare pontificale, saintement préparée par la douloureuse initiation de la solitude, comme par un apprentissage des vastes pensées et des larges sympathies, à régner en PÈRE de la chrétienté, en chef CATHOLIQUE! Car en vérité, du couvent qui fut pour lui une station entre le monde et le trône de saint Pierre, il a plané de plus haut sur les choses et sur les hommes que s'il eût vécu dans les palais ou dans les châteaux. Le moine échappé de sa cellule était plus prêt à monter au Vatican pour gouverner le monde, que l'héritier d'un monarque élevé dans une cour à monter sur l'un de ces trônes nombreux entre lesquels se divisait la terre, pour y régir sa part de sujets. Et de là il enseignait aux puissans le respect de la faiblesse, la compassion du malheur et la fraternité de tous les hommes, en réduisant le sceptre guerrier à se courber devant sa crosse pacifique, et la couronne à s'humilier sous la poudre de ses sandales.

L'avénement de cette PATERNITÉ de l'*esprit* put seul mettre un terme au règne des *castes* et abolir l'hérédité, la succession par la *naissance*, base de l'ordre politique jusqu'à nous. Le PAPE était alors le *patron* des misérables et l'audacieux adversaire de tous les oppresseurs; il était invoqué avec confiance et avec amour; un mot émané de sa bouche retentissait au cœur de ses *enfans* les plus éloignés, et était obéi avec enthousiasme. Qui n'a pas quelquefois admiré dans l'église, semblable à un arbre immense, sans racines sur la terre, mais plongeant sa tête dans la nue et abreuvé de la rosée céleste, cette sève féconde qui, circulant jusque dans les dernières ramifications, en unissait toutes les branches avec une force contre laquelle rebroussa, vaincue et défaillante, la hache de César? Qu'il était fort, grand, adoré, cet homme que les peuples saluaient du nom de PÈRE, et qui était digne de ce nom parce qu'il avait renoncé à tous les liens du *sang!* Mais du jour où la bénédiction donnée à la VILLE et à l'UNIVERS s'échappa des doigts d'un Léon X pour aller, en s'égarant, tomber sur sa propre FAMILLE, le *népotisme* usurpa le Vatican, et la chrétienté fut *orpheline*. Il sembla que l'autel, dont la flamme devait luire pour l'humanité, se changeait en un chétif foyer domestique. Ce fut de la part des peuples un cri de douleur et de colère à la vue de l'église, leur mère si long-temps bienfaisante, se livrant comme une marâtre à un amour étranger. L'affection de la FAMILLE *mondaine* fut pour la FAMILLE *spi-*

rituelle aussi corruptrice que le fut pour la race féodale l'adultère.

Toutefois, en même temps que se relâchaient les liens de l'*esprit*, s'affaiblissaient les liens de la *chair*. Et telle était la tenacité compacte de ces FAMILLES *spirituelles* qu'il fallut pour les dissoudre autant d'efforts que pour briser les FAMILLES *charnelles*. Le ciment des églises et des couvents résista aussi fortement que celui des palais et des châteaux.

L'humanité n'a donc accompli un immense progrès qu'en ôtant à la PATRIARCHIE la direction suprême des affaires. Sa liberté aurait été immolée dans la maison de Melchisedech, comme dans un autre effroyable, à l'égoïsme jaloux de la *caste*, ou serait restée indissolublement attachée à la glèbe seigneuriale, si l'église n'avait dominé le donjon et fondé une majestueuse dynastie, qui ne se perpétua point par une FILIATION *charnelle*. Or ce trône, qui sauva les hommes, a-t-il été retiré de l'étroite enceinte de la FAMILLE selon le *sang* pour y être réinstallé d'après la loi antique de la transmission, et l'avenir pourrait-il impunément investir la PATERNITÉ *domestique* de la PATERNITÉ *sociale*? Que les enseignemens du passé ne soient pas perdus pour nous.

Cependant la réprobation de la *chair* et l'éloignement de la *femme* rendaient cette FAMILLE *spirituelle* incomplète, et lui imprimaient un caractère austère et sombre. Le protestantisme, en rompant le célibat du prêtre, n'en changea point la nature, puisque la femme resta étrangère au sacerdoce.

Nous aurons donc à montrer comment l'ordre religieux et politique que nous apportons au monde doit créer une FAMILLE, ainsi que chacun des deux grands ordres religieux et politiques qui précédèrent en créa une, et comment, dans cette FAMILLE nouvelle, l'homme présidera surtout aux *relations générales*, *publiques*, *politiques*, et la femme aux relations *particulières*, *intimes*, *individuelles*.

LES TROIS FAMILLES

PATERNITÉ SELON LA CHAIR.

(12 MARS 1832.)

Nous avons signalé précédemment le caractère de la FAMILLE selon l'*esprit*, et celui de la FAMILLE selon la *chair*, leur opposition dans le moyen âge, et l'heureuse prédominance des sentimens *généraux* sur les sentimens *particuliers*, due au triomphe de la première de ces FAMILLES.

Mais quoique nous ayons nettement montré tout ce que la séparation de la PATERNITÉ *sociale* et de la PATERNITÉ *domestique* avait eu de favorable au progrès, il importe encore de remarquer que la FAMILLE *charnelle* ne prit part à la régénération européenne qu'en se modelant, autant qu'elle le pouvait, sur la FAMILLE *spirituelle*.

C'était peu que les dynasties les plus florissantes eussent

souvent pour ministres des abbés ou des évêques qui, comme des légats du PÈRE de la chrétienté, mettaient le gouvernement du royaume en harmonie avec la pensée du chef CATHOLIQUE, et que la pourpre royale fût rappelée, dans l'intérêt commun, à un austère désintéressement des sentimens de FAMILLE par la soutane du prêtre ou du moine. Entre toutes les *races* féodales, c'est une gloire aux *races* couronnées de n'avoir point prêté avec une molle complaisance l'oreille à la voix du *sang*. Le chef d'une maison régnante, dérobant son fils aux caresses maternelles et aux siennes, le confiait dès l'enfance la plus tendre à des femmes étrangères pour le nourrir, plus tard aux soins presque exclusifs de gouverneurs pour l'instruire; et plus tard encore il l'envoyait dans de lointains et périlleux voyages, sous la direction de nobles PATRONS qui ne lui étaient liés que par la *fraternité* de la chevalerie, pour faire le glorieux apprentissage de l'épée. C'est ainsi qu'il arrachait son fils aux affections étroites du foyer domestique afin de le rendre le digne héritier de sa *race*; et cet exemple était suivi dans les rangs élevés de la féodalité.

Enfin, parmi les monarques, ceux-là surtout accomplissaient une large tâche, qui savaient immoler à l'attachement *public* leurs attachemens *particuliers*, s'isoler sur le trône, comme le moine dans sa cellule, des liens du *sang*, et épargner ainsi au *grand état* les troubles que le *petit état* pouvait y occasioner. De mauvais PÈRES étaient quelquefois des *princes* justement illustres, et des *rois* haïs de leurs sujets, des PÈRES chéris de leurs enfans. Pouvait-il en être autrement dans une société où l'hérédité des fonctions liait d'une chaîne fatale le génie et l'incapacité, révoltés l'un contre l'autre ou ne s'accommodant, par une transaction débonnaire, qu'au détriment des peuples? Et certes il se rencontrait des exemples effrayans de lutte entre l'affection *générale* et l'affection *privée*. Le fils, impatient d'arracher le timon des affaires d'une main inhabile et désastreuse, abrégeait les jours de son père: le père, condamné dans son fils à un successeur incapable de le continuer, sacrifiait à l'œuvre dans laquelle il avait mis sa vie le fils qui aurait tué son œuvre.

Toutefois qu'il nous suffise d'avoir fait comprendre ce qu'il y a d'incompatible entre la PATERNITÉ *domestique*, telle qu'elle se présente jusqu'à ce jour, et la PATERNITÉ *politique*. Car en vérité NOUS NE VENONS PAS RECONSTITUER PAR LE CÉLIBAT LA FAMILLE *spirituelle*, et l'asseoir, avec son incomplète austérité, sur le trône du monde.

Le célibat, malgré l'exigence impérieuse du dogme qui en faisait une perfection agréable à Dieu, ne fut même pleinement embrassé par le clergé que du jour où la papauté voulut, par l'autorité d'une FAMILLE affranchie des liens du *sang*, mettre un terme à l'égoïsme de la FAMILLE *charnelle*. Les prêtres des premiers temps du christianisme vivaient dans le mariage. C'était donc un vœu rigoureux que s'imposait la milice de Jésus pour faire triompher l'ordre selon la *capacité* de l'ordre selon la *naissance*, et le combat dura des siècles.

D'ailleurs, quels qu'aient été les services rendus par cette PATERNITÉ de l'*esprit*, qui ne sait ce que, par son isolement de la *femme* et sa réprobation de la *chair*, elle avait de rigidité absolue, d'inflexibilité incompatible avec les ménagemens individuels, et de dédain brutal de toutes les affections particulières? L'intelligence, comme la force, a son despotisme; et le moine, qui, pour faire prévaloir son *esprit*, mortifiait son *corps* par le cilice, ne devait pas être éloigné, pour faire prédominer une *pensée*, de mortifier par l'échafaud la *chair* de tous ceux qui en étaient les adversaires.

Et comment ce prêtre, dont jamais la tendresse de l'*épouse* et les délicieuses caresses de la *mère* ne venaient dérider le front mâle attristé par la contemplation de la vallée de larmes; qui toujours, les yeux baissés vers la terre, fuyait même le regard de la *vierge*, craignant d'y lire la condamnation du premier homme et la faute de la première femme; comment ce prêtre aurait-il sympathisé avec les jouissances et avec les douleurs *domestiques*, et touché, d'une main heureuse et délicate, aux relations *individuelles?* Pouvait-il légitimement MARIER selon la *chair* ceux qu'il ne pouvait *connaître* selon la *chair?* Il consacrait aveuglément les unions les plus discordantes et les plus sataniques; et, sans s'inquiéter de l'amour mutuel des époux et de la convenance de leur hymen, s'il les jugeait capables d'élever ensemble leurs ames vers le Seigneur et de confondre leurs voix en de pieuses oraisons, il faisait, de la vieillesse pour la jeunesse, de la constance jalouse et grave pour la capricieuse et riante mobilité, de la laideur pour la grâce, une *croix*, et il les attachait par un lien indissoluble de *mortification*. Les plaintes de la victime lui révélaient-elles le *sacrifice* qu'il avait consommé sans prévoyance ou sans scrupule, il lui découvrait, dans l'immolation de ses penchans, un *mérite* à gagner auprès du ciel, et la vouait à la fidélité conjugale comme à une *macération* salutaire de ses sens; heureux peut-être de voir ainsi flétries par la *résignation* les joies voluptueuses de la couche nuptiale! Et en effet il ne lui appartenait de préparer que de *célestes* fiançailles, et de bénir qu'un hymen *mystique*. *Ordonner le prêtre*, *consacrer la vierge à Dieu*, tels étaient les sacremens qu'il pouvait, selon son dogme, légitimement conférer. Hors de là se manifestait hautement son incompétence.

Enfin il n'inspirait à sa FAMILLE qu'une tendresse imparfaite. Satisfait d'être aimé pour sa BONTÉ et pour sa *science*, il ne voulait point être aimé pour sa *beauté*. Il le témoignait assez, soit par l'austérité d'un vêtement qui, tour à tour noir, pesant et lugubre, éclatant de blancheur et léger de broderies, éblouissant de pourpre et de palmes d'or, enveloppait toujours son *corps*: soit par la disposition du confessionnal, où, invisible, il semblait avoir dépouillé sa *chair* pour ne laisser éclater que son *esprit* dans une *parole*, grave et mystérieuse comme un *jugement* précurseur de l'*arrêt* du tribunal suprême. Il eût été scandalisé jusqu'à en rougir ou même s'en effrayer, si l'une de ses fidèles eût exalté la noblesse et la dignité de ses *traits* : et lui-même chérissait dans ses filles la FOI et la *sagesse;* mais il aurait frémi, comme d'une tentation de Satan, de la pensée d'arrêter ses regards sur leurs *formes* gracieuses et séduisantes, et de les aimer pour la *beauté* que Dieu leur avait donnée.

Ainsi la PATERNITE *spirituelle*, qui se manifestait avec supériorité dans la sphère *sociale*, n'avait qu'une action rétrécie et bornée dans la sphère *individuelle*.

Examinons maintenant la FAMILLE *charnelle*.

Déjà nous avons montré ce que cette FAMILLE, avec l'égoïsme de ses affections, offrait d'imparfait pour la direction de la FAMILLE UNIVERSELLE.

Et cependant elle était belle et grande à voir. Il y avait aussi une religion dans ce baron, héritier d'une longue suite de glorieux ancêtres, et aspirant à revivre dans une longue suite de glorieux descendans. Idolâtre du sang de ses aïeux, si, blessé et dévoré d'une soif ardente, il perdait de son courage, qu'une voix lui criât, *bois ton sang!* à la pensée de cette communion avec sa *race*, il retrouvait ses forces. C'étaient de nobles et douces émotions que celles du guerrier berçant son fils dans le vieux bouclier de ses *pères* ; et lorsqu'il songeait que par ce fils sa FAMILLE continuerait à porter la tête haute sous un casque illustré dans cent combats, à l'ombre de bannières fièrement plantées, à travers les périls et les joutes, et au bruit des fanfares célébrant ses victoires, il se sentait tressaillir dans sa chair et frémir jusque dans la moelle de ses os. Il se plaisait à lui en étaler les vaillantes prouesses, les images et les trophées; il lui faisait même, dans le château consacré par tant de souvenirs, envisager un temple de l'honneur, et entendre dans chaque pierre une voix racontant de brillans faits d'armes. Ce n'était plus néanmoins le sauvage égoïsme de la FAMILLE antique déclarant une guerre à mort à tout ce qui n'était pas elle, ou se construisant, au milieu des flots soulevés, une arche étroite et solitaire : il transmettait à son successeur, avec l'héritage d'un rang et d'un titre, celui d'un devoir social à remplir ; et ce devoir réclamait un cœur ferme, un bras vigoureux et une bonne lance. Certes la féodalité a traversé des siècles sans faillir en héroïsme et en magnanimité et l'on doit apprécier ce que cette religieuse préoccupation de sa *race*, ce respect altier de ses *ancêtres* et de soi-même pouvait avoir d'influence sur la perpétuité de belles et loyales générations.

Loin de nous donc la pensée d'abolir entre le PÈRE et les enfans toute trace des liens du *sang!* Et nous aussi nous comprenons la sainteté des traditions patriarcales ; et nous aussi nous voulons que les parens puissent avec amour arrêter leurs regards sur les fils nés de leur mutuel amour. Mais nous ne voulons pas que cette tendresse *privée* soit la mesure du rang *politique*; mais nous ne voulons pas, en conservant dans la FAMILLE *charnelle* la transmission héréditaire des fonctions, rebâtir une citadelle *domestique* flanquée de privilèges oppressifs pour le plus grand nombre, et moins encore lui affecter la suprématie.

Mais cette FAMILLE a d'autres droits de prétendre à nos hommages : avec sa chevalerie et ses dames, avec ses tournois et ses cours d'amour, avec ses festins et ses jeux, elle conservait à l'humanité les traditions de la *chair*, en les purifiant de leur grossièreté et de leur barbarie primitive, et elle renfermait dans son sein le germe *prophétique* de la TERRE promise. C'est par elle que l'Europe chrétienne, dans ses pélerinages armés vers la terre sainte, s'inspirait de toute la richesse des pompes orientales ; c'est en elle que la femme préludait à son affranchissement, et même au sacerdoce d'amour que l'avenir lui réserve.

Car on a beaucoup parlé de la PATERNITÉ dans ses rapports avec le pouvoir, et nullement de la MATERNITÉ.

Telle a été la subalternité de la femme, que par le mot seul de PATERNITÉ ont été désignées les deux grandes FAMILLES que l'humanité a connues et qui se résument dans le *Pape* et *César*.

Il n'y a eu jusqu'à ce jour qu'une PATRIARCHIE, *charnelle* ou *spirituelle*.

La vertu et l'honneur de la FEMME, aux yeux du PÈRE selon la *chair*, était de perpétuer fidèlement, et par un rejeton MALE, sa dynastie. Le baron voyait surtout en elle la *mère* de son héritier, et confondait dans sa jalousie de *père* sa jalousie d'*époux*. Aussi, afin d'être assuré de la continuité pure et inaltérée de son arbre généalogique, devait-il enclore la femme d'une rigide surveillance, de peur que des rameaux étrangers et parasites ne vinssent à croître sur la tige à laquelle il confiait la transmission de sa noble lignée. Malheur à elle si elle trompait son espoir! car en lui elle avait déshonoré une *race* tout entière dont la majesté reposait sur sa foi, et il tirait de cet outrage sacrilége une éclatante vengeance. Sans doute la femme, qui par là devenait l'arbitre de l'honneur de son époux, savait en profiter avec art pour accroître sa liberté; néanmoins, sous l'empire de cette jalouse préoccupation de la race, la femme était nécessairement la propriété de l'époux.

Mais à côté de cette MATERNITÉ *charnelle* le christianisme constitua aussi une MATERNITÉ *spirituelle*.

Le couvent s'éleva. Une femme, fiancée au roi des cieux, servante du Seigneur et non plus d'un baron, était aimée, vénérée, obéie comme une MÈRE par un nombreux essaim de vierges, vouées avec elle aux autels du Sauveur. Pour elles le couvent n'était point une prison, mais un royaume relevant de l'église, qui l'abritait de ses ailes, un royaume indépendant de la domination de l'homme, qui ne pouvait s'en faire ouvrir les portes en les touchant du glaive ou du sceptre; il n'en franchissait le seuil sacré que la croix à la main. Là les femmes trouvaient un refuge contre un monde, qui, au milieu des étreintes brutales et licencieuses de ses plaisirs, les meurtrissait encore de ses chaînes; là, affranchies des rangs qu'elles auraient dûs à leurs époux, et de cette confuse égalité dont l'esclavage avait long-temps fait peser le niveau sur leurs têtes, elles offraient un spectacle inconnu à la terre, celui de femmes s'associant selon une hiérarchie fondée sur leurs mérites! Ah! la liberté commençait enfin pour elles, puisque pour elles commençait le classement des supériorités. Et tandis que, dans les sérails de l'Orient, les riantes et gracieuses odalisques attendaient que la fantaisie d'un maître les tirât du néant et fît luire un rayon sur elles dans la poussière où elles étaient prosternées; tandis que, mesurant leurs dignités à ses capricieuses faveurs, elles briguaient avec une ambitieuse servilité, dans ses caresses dédaigneuses, la consécration de leur gloire; ces femmes austères, dans les couvents de l'Occident, loin de se disputer entre elles les regards d'un despote et d'attendre de son mouchoir la marque de leur grandeur, voilées à tous les yeux profanes et portant dans le bandeau qui les avait consacrées à Dieu le signe de leur sainte liberté, s'élevaient dans les grades de la hiérarchie par leur FOI, leur *sagesse* et leurs *œuvres;* et c'est ainsi que, préludant au gouvernement et à leur classement selon leurs vocations, elles instituaient religieusement la MATERNITÉ.

Et parce que l'église avait institué les couvents de femmes, la chevalerie put fonder les cours d'amour. La famille *charnelle* vit l'épouse prendre une attitude nouvelle, et, malgré l'inféodation de sa beauté à son seigneur, donner l'essor à un amour *spirituel* qui eut un caractère moins exclusif.

La femme ne devait aimer que son époux; mais, pourvu que sa chaste fidélité ne réservât qu'à lui seul les fruits de son sein, elle pouvait être aimée de plusieurs, pour le parfum de sa grâce, de sa pudeur et de ses perfections. Il lui était permis d'accueillir le *mystique* hommage du page et du chevalier. Adorée à l'égal de la Vierge Marie, dont à leurs yeux elle revêlait la pureté. mais idolâtrée pour sa *beauté* plus encore peut-être que pour sa *sagesse*, elle exerçait sur ces jeunes hommes, dont elle tempérait à son gré l'impétueuse ardeur, mais auxquels elle permettait de soutenir, l'épée à la main, la gloire de ses attraits, un tendre et pudique PATRONAGE. D'un mot elle enflammait leur valeur ou réprimait leur colère, excitait leur courtoisie ou gourmandait leur rudesse, et versait avec les rayons de ses yeux, avec le souffle mélodieux de ses paroles et le charme de son sourire, une inspiration puissante dans leurs cœurs. Toujours présente à leurs regards sur la terre lointaine où ils allaient cherchant de périlleuses aventures, dans le tournois où ils brisaient en éclats les armures et rougissaient la lice de leur sang, dans le château où ils devisaient des hauts faits et des devoirs de la chevalerie, et célébraient par leur poésie les enchantemens de la tendresse et de la beauté; décernant le blâme ou la gloire, et leur faisant envier dans une écharpe, une devise, une fleur, le prix de leurs exploits et de leur loyauté, elle était pour eux la LOI VIVANTE de l'amour.

Souvent elle voyait ces guerriers, bardés de fer et bruissans d'acier, ployer le genou devant elle, et, tremblans de l'émotion d'une flamme à grand'peine réprimée, *confesser* à ses pieds leurs erreurs et leurs tourmens, attendre de sa bouche, le sein oppressé d'inquiétude, une *absolution* et une parole consolatrice; elle les voyait, inondant de larmes leurs mâles visages et courbant jusqu'à terre leurs fronts chargés de rougeur, accepter sans murmurer la *pénitence* qu'elle leur avait imposée, et se relever ranimés par le son de sa voix. Elle savait mettre dans ses accens l'espoir ou la menace, tour à tour envelopper ou dégager des replis de son voile un visage doux ou sévère, pencher vers eux les longues tresses de sa chevelure caressante, les enivrer du parfum de son haleine en armant ses lèvres de reproche, et dérober ou abandonner à de respectueux baisers sa main libre dans leur gantelet de fer. Reine des cours d'amour, elle intervenait, par les arrêts qu'elle avait dictés, dans les relations des hommes et des femmes, et formait, à côté de la loi chrétienne du mariage, une jurisprudence des amans et des époux. Protectrice du sort des chevaliers qui l'invoquaient comme la dame de leurs pensées, ainsi qu'une fée bienfaisante, elle rompait l'indigne alliance qui leur était proposée, leur choisissait une épouse en les relevant du vœu de fidélité qu'ils lui avaient juré, ou ramenait la concorde dans leur union, dont les nobles rejetons apprenaient dès le berceau à la bénir. Par elle, l'homme, représentant de la brutalite du *passé*, renonçait peu à peu à ce grossier PATRONAGE d'amour connu sous le nom de *droit du seigneur*, et se soumettait à ce sacerdoce moral qu'elle accomplissait avec plus de délicatesse et de dignité, comme inspiratrice de l'*avenir*. En un mot la dame exerçait alors une véritable MATERNITÉ.

Ainsi les deux grandes FAMILLES du passé, en présence l'une de l'autre dans le moyen âge, se témoignaïent chacune par une face distincte et sacrée.

Le père *spirituel*, saintement voué à l'amour de la FAMILLE UNIVERSELLE, exerçait le sacerdoce de la BONTÉ et de la *sagesse*, et était investi d'une PATERNITÉ *sociale*, *politique*, *générale*.

La dame, liée à la FAMILLE *charnelle*, exerçait le sacerdoce de la BONTÉ et de la *beauté*, et s'honorait, dans les relations *individuelles*, *privées*, *intimes*, d'une chaste et glorieuse MATERNITÉ.

Telles sont les deux faces par lesquelles ces deux FAMILLES concouraient à la régénération du monde.

Les voiles *mystiques* dont le christianisme les avait enveloppées tomberont devant la lumière qui sanctifie la *chair* à l'égal de l'*esprit*, et alors entre ces deux grandes figures de l'humanité éclatera une merveilleuse harmonie.

Paraissez donc, PÈRE *spirituel* de l'univers, hardi fondateur du catholicisme, Grégoire VII ! et vous, Mathilde, comtesse de Toscane, puissante inspiratrice du chef de la chrétienté ! Voici l'heure venue où votre amour pudique et mystérieux doit être couronné par un solennel hymen. Saint, saint, saint fut le célibat par lequel vous avez, d'un commun accord, enfanté à la vie la FAMILLE *spirituelle* qui affranchit la terre du joug de la FAMILLE *charnelle;* mais les jours du combat sont passés; la terre sourit à l'approche de l'association universelle; qu'aux accens mélodieux d'une révélation pacifique le nuage d'encens qui vous avait séparés s'évanouisse, et que vos lèvres, qui ne se sont jamais exprimé qu'avec une austère pudeur la tendresse qui brûlait au fond de vos ames, se touchent avec amour! En vain les catholiques ont-ils enveloppé de silence le nom de Mathilde, dont le front cependant partage l'immortelle auréole qui couronne la tête d'Hildebrand; ah! la dot la plus belle qu'elle ait apportée aux héritiers de saint Pierre, ce ne sont point ses états, c'est l'inspiration qui affermit sur une base solide le trône du vicaire de Jésus. Amans chastes et purs, qui ensemble avez présidé à la majestueuse fondation du capitole chrétien, Grégoire, Mathilde, sublimes représentans de la FAMILLE *spirituelle* et de la FAMILLE *charnelle*, unissant déjà vos mains pour toucher ensemble à ces clefs symboliques qui ouvrent les portes de deux mondes, celui de la CITÉ et celui de la FAMILLE,

Paraissez!

Et naisse, par votre hymen, une FAMILLE nouvelle, plus AIMANTE, plus *sage* et plus *belle* que les deux FAMILLES, types des deux ordres religieux du passé, réconciliées en elle.

LES TROIS FAMILLES.

LA FAMILLE SACERDOTALE NOUVELLE.

(19 MARS 1832.)

Nous avons retracé les deux grands ordres religieux antiques se résumant dans une FAMILLE *charnelle* et dans une FAMILLE *spirituelle*, et nous avons annoncé l'avénement d'une FAMILLE sacerdotale nouvelle, dans laquelle doivent s'harmoniser ces deux FAMILLES sacerdotales, régnantes, typiques du passé.

Seule elle exercera véritablement un sacerdoce d'amour; car la *sagesse* et la *beauté* seront à la fois ses titres à la tendresse de ses enfans et les titres de ses enfans à la sienne.

13.

Jamais lien n'aura été aussi RELIGIEUX; jamais autorité plus attrayante, plus sainte, plus puissante; jamais obéissance plus douce, plus digne et plus libre.

Mais il ne suffit pas d'avoir montré durant le moyen âge ce sacerdoce déjà rempli par le prêtre et par la dame, quoique d'une manière incomplète en raison même de leur isolement: nous devons pouvoir dans le présent, aussi bien que dans le passé, en signaler une ébauche imparfaite et vivante, s'il est vrai que nous ne venions ni inventer ni changer la nature humaine, mais seulement développer ses facultés dans un ordre nouveau.

Or le monde nous offre, à travers tous les rangs, des hommes et des femmes marqués pour ce sacerdoce dont ils prennent, dans une vue toute personnelle, la violente ou frauduleuse initiative; ce n'est point l'église dans ses temples, ses cellules et ses confessionnaux; c'est le monde, disons-nous dans ses théâtres, ses salons et ses boudoirs, où leur action est la plus évidente, qui nous offre les PRÊTRES et les PRÊTRESSES de l'avenir.

En effet ces hommes et ces femmes obtiennent entre tous un ascendant manifeste par leur *intelligence* et par leur *beauté*, captivent à la fois les personnes de *savoir* et d'*action*, d'*étude* et de *plaisir*, et goûtent avec d'égales délices les arts de l'*esprit* et ceux de la *matière*. Partout où ils se présentent, ils se font CENTRES; ils traitent avec profondeur les questions graves, subtiles, ardues, et sèment un entretien léger de traits vifs, enjoués, étincelans. Leurs avis sont des arrêts, des oracles, des prophéties; leurs bons mots deviennent des opinions; ils font loi pour un ouvrage futile et pour une large conception, pour une mode et pour un système; s'ils raillent, on rit; s'ils s'attendrissent, on pleure; s'ils s'exaltent, on s'enthousiasme. Ils règnent non-seulement par la supériorité de leur *esprit*, mais encore par l'attrait de leurs *formes*, la grâce de leur maintien, la fascination de leurs regards et leurs voluptueuses séductions : ils charment, entraînent, subjuguent, ravissent, et déploient dans leur ambition de conquêtes les élans de la passion et l'ingénieuse tactique de la coquetterie. Ils possèdent tous les tons, parlent tous les langages, revêtent toutes les physionomies, prennent toutes les attitudes; admirables protées à qui il est donné d'émerveiller la nature constante, réservée, patiente, par les trésors de mystérieuse délicatesse qu'ils lui dévoilent, et par un sentiment exquis de toutes les convenances : et en même temps d'étonner la nature vive, ardente, mobile, par l'éclat, la fougue et les caprices de leurs transports.

Sans doute aujourd'hui c'est plutôt par la figure de l'exaltation et de la mobilité, en un mot, par celle de don Juan, qu'ils se caractérisent, provoqués qu'ils sont à mettre en lumière la face que le christianisme a obscurcie, et à laisser dans l'ombre celle qu'il avait consacrée. Et pour faire réussir leurs intrigues d'amour et de fortune, quelles ne sont pas leurs ressources! Ils pénètrent aisément dans les replis les plus secrets des cœurs, parce qu'ils ont en eux des fibres qui répondent à tous les sentimens, et ils ont la clef de tous les caractères, parce qu'ils en portent les traits variés dans leur type prodigieux. C'est peu : armés des observations que les romanciers et les moralistes ont multipliées sur l'humanité, depuis que le voile chrétien, déchiré par lambeaux, l'a livrée aux investigations curieuses de leur microscope et de leur scalpel, ils ajoutent à cette science morte les résultats de leurs expériences journalières et d'une sorte d'autopsie de la nature vivante. Aussi n'ont-ils point de peine à trouver des points d'appui, à faire aux divers penchans un appel entendu, à se forger des instrumens et à s'asservir des créatures, ou à déjouer les intentions de leurs adversaires, à les attaquer au défaut de l'armure et à les embarrasser dans leurs trames. Ils marchent, et se font aimer et suivre des natures les plus différentes, sans chercher à déterminer un lien entre elles, mais avec le dessein de s'en servir. Si leur plan l'exige, ils arrêtent le cours de violentes antipathies, forcent des rivaux à se donner la main, et font rentrer dans le fourreau des épées près de se croiser. Mais trop souvent là où régnait la paix ils sèment la discorde, et des nœuds qui semblaient indissolubles, ils les brisent en se jouant. Cependant, grâce à l'empire qu'ils savent s'arroger, malgré les désordres qu'ils suscitent, accusés, ils ne manquent jamais de défenseurs; offensés, de champions; méprisés, de panégyristes! Ils se font justifier de ce qui serait impardonnable pour d'autres que pour eux, et semblent jouir du privilége de l'impunité, alors même qu'ils accomplissent à voie ouverte une mission de pervertissement, un apostolat de démoralisation!

Prêtres et prêtresses sans consécration et sans auréole, ignorans de leur vocation sublime, ils profanent la puissance qui est en eux, en ne l'appliquant qu'à un intérêt égoïste, et tourmentent le monde du génie dont ils sont tourmentés eux-mêmes, parce qu'ils ne peuvent lui donner un libre essor; sans rôle avoué sur un théâtre auguste, ils jettent leur vie dans des personnages désordonnés et menteurs; ils se plaisent à déconcerter et à effrayer autant qu'à attraire et à enchanter par les images qu'évoque leur prisme magique; ils blessent et guérissent indistinctement; selon leur fantaisie, ils excitent et apaisent la tempête, et mettent leur gloire à s'enivrer de l'exercice de leur force et à la faire reconnaître, fût-ce par le trouble et par le mal; ils s'honorent de l'hommage de la haine et de la crainte presque autant que de celui de l'amour et de la confiance, et semblent vouloir avec une scandaleuse sérénité épuiser à la fois jusqu'à sa dernière goutte la coupe de l'admiration et le calice du mépris; enfin ils s'érigent souvent un trône sur des ruines et sur des fers; tyrans, faute de ne pouvoir être rois, démons, faute de pouvoir témoigner leur grandeur comme des anges, comme des envoyés de Dieu!

Eh bien! le spectacle de ces hommes et de ces femmes qui font profiter à leurs jouissances particulières la domination qu'ils usurpent sur l'*esprit* et sur *les sens* de ceux dont ils sont entourés, et que le monde aime, déteste, méprise, honore, fuit, accompagne, n'est-il pas l'indice grossier du sacerdoce que nous venons installer dans l'intérêt de tous? Oui, ce sont eux, ce sont elles, à qui nous voulons conférer par *le droit* l'autorité qu'ils possèdent par le *fait*, afin que la solennelle investiture d'une fonction RELIGIEUSE change en un sceptre tutélaire l'arme dangereuse que nul effort ne saurait arracher de leurs mains; afin que, désormais cessant de CAPTER l'*intelligence* et de SÉDUIRE *les sens*, ils fassent tourner à la MORALISATION de la société par la *pensée* et par la *chair* la puissance qu'ils emploient avec une activité funeste à sa dépravation.

La FAMILLE nouvelle, appelée au gouvernement de l'humanité, agit donc sur la *pensée* et sur la *chair* des fidèles; elle élève à la fois leur *esprit* et leurs *sens*.

Et d'abord, quelque pureté qui semble attachée aux jouissances *spirituelles*, la *pensée* a besoin de règle aussi bien que la *chair*; comme elle, elle a son épicuréisme et son dévergondage. Il y a aussi dans la consommation des productions de l'*intelligence* une nuisible intempérance, et un abrutissement provenant des débauches d'érudition et des orgies de savoir. Il y a aussi une voracité insatiable et brutale, un dérèglement d'appétits monstrueux, chez ces hommes qui, toujours affamés d'écouter, de lire et d'étudier, pâturant et s'abreuvant sans relâche et sans discernement, gorgés et repus de tout ce qu'ils dévorent avec une avidité effrénée, vrais ogres de science, vont battant les murs et heurtant les passans du désordre que suscite en eux cette indigeste accumulation d'alimens pêle-mêle entassés. D'autres esprits, dédaigneux de ces grossières habitudes, friands des primeurs des arts, des sciences, des lettres, se plaisent à une chère plus exquise et plus délicate, se fleurissent de tout ce qu'ils savourent avec choix, et se bercent mollement des premières vapeurs de l'ivresse. Mais chez tous il y a un même égoïsme qui rend inutiles les trésors qu'ils jettent confusément dans leur mémoire ou qu'ils y disposent avec goût. Occupés de dévorer et de jouir, ils ne s'occupent point de créer et de produire ; semblables à ceux qui se sont fait un dieu de leur ventre, ils se sont fait un dieu de leur tête gonflée, tendue, exubérante de savoir ou plus finement nourrie des productions de la pensée; et ils se consument stérilement pour les autres, sans gloire pour eux-mêmes, dans la honte de cette oisive idolâtrie. Et l'*esprit* aussi a sa gourmandise et sa luxure, comme la *chair* a sa fraude et son mensonge. Et si Satan doit rester pour nous un symbole poétique du vice qui naît de l'excès, l'*esprit* comme le *corps* peut être possédé de Satan.

C'est pourquoi le couple-prêtre impose un régime à l'*esprit*, le préserve de ces solitaires et inféconds délices dans lesquelles il nage ou s'abîme, réveille sa molle et voluptueuse langueur, et le sauve de cette passion aveugle et immodérée de *connaître*, qui, en déterminant l'indifférence à toute autre espèce de travaux, de besoins et d'affections, dégénère en monomanie, et le précipite dans l'extase ; il règle ses jouissances, et l'excite à la production.

Il emploie également sa puissance à dissiper l'engourdissement des *sens* paresseux ou à en calmer la brûlante impétuosité.

Et ce n'est point raison de prétendre que nous venons convier l'humanité au culte exclusif des jouissances de la *chair*, l'attabler à un banquet perpétuel et l'inviter à chômer la vie comme une longue fête dans des joies fastueuses et molles. Nous ne voulons de saturnales ni *intellectuelles* ni *matérielles* ; et si nous dressons des autels aux plaisirs et à la volupté, nous en dressons aussi au travail et à l'activité. Ah! c'est là seulement où une oisive minorité est alimentée par le labeur des masses asservies, et boit dans une coupe dorée les sueurs et le sang des misérables, qu'il faut craindre les scandales de l'ivresse et la prostitution du corps à de sales orgies : là au contraire où les plaisirs sont glorifiés à la condition qu'ils soient la récompense des œuvres et l'encouragement à des œuvres nouvelles, le délire des *sens* n'est point à redouter.

Mais afin que l'industrie, sainte nourricière des hommes, leur verse ses bienfaits avec une inépuisable prodigalité, elle doit elle-même être nourrie d'une part large et brillante de ses fruits. Elle aussi elle s'animera aux vastes entreprises, aux nobles prouesses, aux aventureuses expéditions, par l'espoir de gagner dans des joies enviées le prix de son ardeur et de ses efforts. Elle aussi a besoin, pour se déployer dans toute son énergie et dans toute sa richesse, de sentir l'influence de cette maternité que la dame du moyen âge exerçait, mystiquement alors, sur la chevalerie, et de recevoir de la beauté la flamme inspiratrice de l'enthousiasme. A elle, à elle aussi les regards doux et sévères, les louanges qui excitent la fierté, les censures qui abattent la superbe, les tournois resplendissans de bannières et de trophées pacifiques, les longs tressaillemens des éclatantes fanfares, les couronnes triomphales; et plus encore, à elle aussi l'orgueilleuse douceur d'un hommage à payer, d'un culte à rendre, d'un encens à brûler devant un puissant et glorieux patronage, et l'enivrement de caresses ravissantes de pudeur et d'abandon. Si la guerre ne fut arrachée à sa férocité sauvage et spoliatrice que par l'ascendant de la beauté, l'industrie ne sera affranchie de l'exploitation brutale et cauteleuse à laquelle elle est encore livrée, que par le pouvoir de la femme, qui saura créer pour elle une noblesse et un honneur inconnus.

C'est pourquoi le couple-prêtre, ajoutant à l'éclat de sa *beauté* le prestige de la parure, de la magnificence et des arts, agit par lui-même et par la pompe extérieure sur les *sens* des fidèles, également occupé d'en exciter et d'en modérer l'exaltation, et de les provoquer, par l'auréole dont il dote la *consommation* glorieuse de ces jouissances, à une ardente et féconde *production*.

Ainsi la FAMILLE nouvelle lie son intervention dans les relations *individuelles* à la direction des destinées *générales*, et agit à la fois dans la sphère *morale* et dans la sphère *politique;* elle embrasse d'un égal amour le MONDE, la CITÉ, la FAMILLE; dans le MONDE, l'*Occident* et l'*Orient;* dans la CITE, l'atelier *scientifique* et l'atelier *industriel;* dans la FAMILLE, *Othello* et *don Juan;* et présidant à cette vaste pacification, elle échauffe, éclaire, féconde le MONDE, la CITÉ, la FAMILLE de sa vie qu'elle épanche en trésors inépuisables d'AMOUR, de *sagesse* et de *beauté*.

Certes c'est le témoignage d'une sainte audace que de venir, dans une société où la loi chrétienne domine encore *théoriquement*, quoique démentie par la *pratique* journalière, annoncer le caractère de la FAMILLE SACERDOTALE nouvelle. Et comment ne le sentirions-nous pas profondément, ô mon PÈRE, lorsque votre voix, en proclamant votre révélation morale, a renversé deux hommes grands, forts et puissans entre nous, a dispersé une partie de nos frères, et vous a laissé, PÈRE, au milieu même de vos fils demeurés fidèles, presque seul et délaissé, puisque tous nous ne comprenions pas encore votre langage! Et vous aussi vous avez bu le calice d'amertume, et vous avez été renié par ceux que vous aimiez le plus tendrement, et vous avez connu les joies et les douleurs ineffables de l'Homme, par qui DIEU initie l'humanité à une vie nouvelle! Méconnu dans votre essor démesuré, vous avez vu jusqu'aux petits enfans vous gourmander de vos monstrueuses rêveries, vous faire des leçons de sagesse, et se flatter de vous ramener à leur route en vous suivant toujours. Et vous, calme, et souriant à leurs paroles, vous avez marché assez puissant pour les entraîner sur vos pas, jusqu'au moment où vous leur êtes apparu dans une majesté inouïe, parce qu'ils avaient enfin compris votre mission sublime. Et aujourd'hui, PÈRE, tous vos fils espèrent votre espoir, croient votre croyance, vivent votre vie, prêts à témoigner à vos côtés de leur foi profonde. Mais tous admirent encore en vous cette divine audace dont le prodige, long-temps incompris par eux-mêmes, doit frapper d'abord le monde d'un scandaleux étonnement.

Oui, nous savons que les clameurs ne nous manqueront pas; mais lorsque de toutes parts s'élève contre nous le reproche d'immoralité, nous nous présentons à une société que nous venons laver de l'adultère et de la prostitution, purs désormais de prostitution et d'adultère: mais lorsque nous sommes accusés de préconiser le *vice*, ces plaisirs dont nous prêchons la sanctification, nous les rejetons pour nous-mêmes, parce-qu'aujourd'hui ils sont encore entachés de fraude et de violence. Toutefois nous ne convions pas le monde à cette austère *vertu* qu'il invoque contre nous; nous seuls sommes assez forts pour la *pratiquer*, nous qui nous sentons la mission de mettre un terme à la rigidité de la loi et aux désordres de la révolte. Et nous ne frappons pas même ses jouissances de réprobation; mais, venant pour les racheter de tout ce qui en fait la honte, nous le couvrons lui-même de notre indulgence, et nous n'avons pas besoin de la sienne pour nous. Enfin, loin de fuir ce monde, à l'exemple des chrétiens qui en redoutaient les dangereuses séductions, nous aimons à en voir se déployer autour de nous les pompes splendides et les fêtes enivrantes; et c'est là qu'il nous est doux d'accomplir notre apostolat, glorieux de marcher sans faillir au milieu de ses voluptueux enchantemens, et ardens à conquérir pour l'humanité des délices affranchies d'une honteuse dissimulation et d'une grossière exploitation. Et nous aussi, afin d'appeler noblement les femmes, nous avons voulu que le charbon ardent purifiât nos lèvres! car tel est notre respect de leur dignité et notre pitié de leurs souffrances, que nous avons moins craint d'être réduits à baisser les yeux devant nos accusateurs, tous complices de leurs maux, que d'avoir à rougir devant la dernière d'entr'elles! Saint-Simon accepta fièrement les rudes douleurs de la misère, afin que par lui l'humanité connût, pures et glorieuses, les joies de la richesse; et nous, nous nous sommes imposé la loi du célibat, afin que par nous l'humanité connaisse, pures et glorieuses, les joies de la volupté!

Donc, ne redoutant aucune calomnie, nous continuons à enseigner ce que notre PÈRE nous a révélé; nous l'enseignons, et cependant, comme lui, nous sentons que le cœur d'un homme SEUL a parlé.

Le PRÊTRE laisse à la PRÊTRESSE, dans l'accomplissement de son sacerdoce, une liberté pleine, entière, absolue, et, comme il ne pose aucune limite à son influence sur les fidèles, il n'en pose également aucune au *mystère* sur tous les actes de sa vie.....

Et le lien dans la FAMILLE SACERDOTALE n'est pas rompu entre les générations. Il subsiste puissant dans la tendresse de la MÈRE. Dieu, en voulant que la génération nouvelle fût portée, nourrie, accrue, dans le sein de la FEMME, et fût encore retenue, lors de son avénement à la vie, par le lien vivant qui la rattache aux flancs dont elle s'échappe, a magnifiquement figuré le lien qu'il veut établir entre les générations par l'affection de la MATERNITÉ.

La FAMILLE SACERDOTALE nouvelle connaît donc aussi les joies saintes et glorieuses de la PATRIARCHIE.

Mais, long-temps attribut du PÈRE chez lequel elles étaient une cause d'oppression pour la *femme* et pour les inférieurs, elles sont désormais le partage de la MÈRE, chez laquelle elles sont une garantie de sa liberté et le nœud des inférieurs avec les supérieurs.

La PRÊTRESSE seule éprouve des tressaillemens dans sa *chair*, et dit avec un secret frémissement d'orgueil, *Mon sang!* car seule elle peut en éprouver dans toute sa grandeur la religion, elle qui, par ses saintes mésalliances, est le lien sublime de deux races jadis ennemies, la race royale et la race populaire, dont le sang fut si long-temps un fleuve poursuivant isolément son cours, sans que leurs flots fussent admis à se mêler dans un légitime hyménée; elle qui confond, sous les plis sacrés de son voile, dans une généalogie qui ne porte que son nom, les fils des *dieux* et les fils des *hommes!* A elle il sera dit aussi avec joie: *Béni soit le fruit de vos entrailles;* parce que comme MARIE, dont la figure prophétique se réalise en elle, aujourd'hui que le règne de DIEU arrive sur la terre, elle seule a le *secret* de sa *mystérieuse* MATERNITÉ, et que, comme MARIE, symbole vivant de l'union de la puissance et de la faiblesse, de la gloire et de l'humilité, de l'autorité et de la liberté, du ciel et de la terre, elle investit un homme à sa naissance, fût-il l'Homme-Dieu, d'un nom qui n'est point un privilége : JÉSUS, fils de MARIE, et non pas fils de DAVID, fils d'ABRAHAM!

Le lit nuptial, affranchi de la surveillance rigoureuse de l'époux, cesse d'être une prison pour l'épouse, une barrière hautaine entre les *races* si long-temps condamnées à une hostilité de sentimens, de pensées et de formes, un rempart inviolable des droits de la *naissance*.

Le PRÊTRE dépose la jalouse préoccupation de sa *race*, et dès lors il abdique toute suprématie sur l'épouse.

PÈRE de la FAMILLE UNIVERSELLE, il ne veut point dans sa FAMILLE *privée* caresser et parer de prérogatives la transmission pure et inaltérée de son *sang*. Par lui s'évanouit avec l'affection exclusive de la FAMILLE *charnelle* l'égoïsme étroit du *foyer domestique*, en guerre avec le sentiment de la *cité*. Plus de *petit état* en lutte avec le *grand état ;* plus de *népotisme* qui obscurcisse la gloire du Vatican nouveau ; plus de privi- léges de *naissance* dans la FAMILLE sacerdotale ; ils y sont abo- lis et n'existent nulle part.

Ainsi sont liés l'émancipation définitive de la FEMME et l'affranchissement complet de la classe la plus nombreuse et la plus pauvre.

Par la MÈRE, la FAMILLE sacerdotale s'associe aux joies et aux douleurs de ceux qui, parmi les fidèles, gardent religieuse- ment la trace des liens du *sang* dans le foyer où se complaît leur affection intime et réservée ; par la MÈRE, elle porte un tact dé- licat, une sagacité pénétrante, une sympathie exaltée dans la vie *privée*.

Par le PÈRE, la FAMILLE sacerdotale embrasse les intérêts généraux de la *cité*, accomplit la mission *sociale*, et touche d'une main ferme, avec une science profonde et un vaste amour, à la vie *publique*.

Ainsi offrant au monde l'heureuse harmonie de tout ce qu'il y eut de puissance, de splendeur et de gloire dans la FA- MILLE *charnelle* de *César*, et de tout ce qu'il y eut de savoir, de sagesse, de douceur dans la FAMILLE *spirituelle* du bon *pas- teur*, elle entre en communion avec l'humanité sous toutes ses faces, et exerce un sacerdoce d'AMOUR.

Arrêtons-nous : ici se borne la révélation de notre PÈRE et la science de ses enfans. Nous en avons assez dit pour sou- lever d'étranges accusations : mais nous saurons maintenir notre voix ferme et haute au milieu de ces clameurs, afin qu'elle soit entendue de la FEMME ; et nous ne nous étonnerons pas de provoquer tant de répugnances, puisque notre voix mâle, nue, solitaire, manque de la grâce, de la pudeur et de l'harmonie que lui donnera la FEMME, et que d'ailleurs elle sera d'abord entendue par les HOMMES qui tiennent ou préten- dent tenir la FEMME en esclavage. Naisse, naisse donc une vaste et large rumeur qui emporte et sème de toutes parts, même en la dénaturant, notre parole révélatrice! au sein de cette tempête, la FEMME saura bien démêler l'accent auquel son cœur a besoin de répondre; glorieuse et choisie entre toutes, elle illuminera de sa révélation imprévue les traits que nous avons formés, et quand elle aura parlé, le monde se taira, ou ne parlera plus que pour la bénir!